谜团与传奇系列

世界奇俗

主编◎陈玉潇

WUHAN UNIVERSITY PRESS

武汉大学出版社

图书在版编目（CIP）数据

世界奇俗 / 陈玉潇主编. —— 武汉：武汉大学出版社，
2013.6
ISBN 978-7-307-11104-2

Ⅰ.①世… Ⅱ.①陈… Ⅲ.①风俗习惯–世界–青年
读物②风俗习惯–世界–少年读物 Ⅳ.①K891–49

中国版本图书馆 CIP 数据核字 (2013) 第 146721 号

责任编辑：瞿　嵘　吴惠君

出版发行：**武汉大学出版社**　　（430072　武昌　珞珈山）
（网址：www.wdp.com.cn）

印　　刷：永清县晔盛亚胶印有限公司
开　　本：787mm×1092mm　1/16
印　　张：12
字　　数：150 千字
版　　次：2013 年 6 月第 1 版
印　　次：2013 年 7 月第 1 次印刷
书　　号：ISBN 978-7-307-11104-2
定　　价：23.80 元

前 言

探寻世界的奥秘，从生命诞生之初到如今的繁荣，早已经跨越了数十亿年的漫长历程。美丽的地球为我们提供最适宜的生存环境，保证了所有生物繁衍生息。在万物生长的过程中，"物竞天择"已经成为一条不变的真理。在生命的交替过程中，发生了无数奇迹，令人难以理解，更难以参透，或许这就是生命的奥秘。造物者为这个世界覆盖上一层厚厚的纱帐，让人摸不着，更看不透。

就拿人类来说，翻开文明发展史。我们从茹毛饮血的时代到现在的高度文明，这其中要经历多少翻天覆地的变化，根本就没人能说得清。在这个发展过程中，所出现的神奇现象更是数不胜数。比如我们的祖先创造了灿烂的文明，留下了令世人赞叹的奇观以及数不清的构思奇巧、鬼斧神工的作品让我们不得不肃然起敬。在敬佩的同时，我们的心中也开始怀疑，那些即便放到如今这个科技发达的文明时代也难以完成的奇观，他们又是如何做到的呢？

当然，人类虽然成为了世界的主宰，却也逃不了造物者的安排。人类的古代文明曾经达到了顶峰，却在自然的力量下，被永久地埋藏了。比如被黄沙掩埋的古楼兰，沙漠深处的尼雅古城，繁荣昌盛的巴比伦古城，被战火毁灭的玛里古城、人迹罕至的沙漠古城——埃勃拉，失踪千年的罗马古城等。

　　虽然自然毁灭了这一切，却在几千年后，被我们重新寻到了文明的足迹。我们只能追求历史的脚步，探寻祖先创下的辉煌文明。

　　人类追寻文明的脚步从来没有停歇，宇宙的神奇事件频频出现，UFO神秘事件，让人类对外太空又充满了好奇。难道外星人真的存在吗？假如外星人存在，那他们的出现，是因为钟情于这个美丽的星球，还是在追寻他们失落的记忆，或者是要毁灭人类？

　　所有的神秘都徘徊在无边的黑暗中，众多的谜团和传奇静静守候，等待着人类点燃探索之光。用智慧作为钥匙，开启岁月的封印，褪去神秘的外衣，探寻那被尘封已久的事实真相……

目 录

第一章　趣味盎然的各国节日

秘鲁太阳节

在印第安人的印加部族里，延续着一年一度的盛大传统节日——太阳祭。这种隆重的祭祀仪式始源于印加帝国鼎盛时期，世代相传，沿袭至今。

太阳节上，最隆重的仪式是太阳祭。

在每年的 6 月 24 日，东方欲晓，居住在秘鲁库斯科城一带的印加人就聚集在近郊的印加遗址萨克萨瓦曼城堡举行庆典，祭奉太阳神。

人们顶礼膜拜，静待火红的太阳慢慢升起。当仁慈的太阳神逐渐升高并移向天顶的时候，隆重的祭祀仪式开始了。高高的祭坛上燃起了圣火，它是用玉米酿制的"契契酒"作为燃料的，熊熊的火柱直冲云霄。鼎沸的人群顿时鸦雀无声，聆听着部族首领三番五次向太阳神唱诗般的祈祷。然后人们按顺序走近祭坛，献上自己精心制作的祭品——用玉米粉精制的圆形糕饼。当玉米酒浆从陶瓮中倾泻出来，地上燃起火堆的时候，太阳祭达到高潮。人们围着火堆，载歌载舞，欢声雷动，群峰震撼。直至黄昏，狂欢的人群才伴随着落日的余晖，满载着希望返回家园。

玉米是太阳祭的主角，把玉米视作太阳神的化身

长期以来，印第安人一直把玉米视作太阳神的化身，认为是它拯救了万物生灵，是它给人们带来了幸福。

传说在遥远的过去，仁慈的太阳神降临人间，他看到荒凉的原野上什么庄稼都没有，人们吃的是草籽野果，披的是树叶兽皮。太阳神就从天国里带来了一袋金灿灿的种子，还赠给人们一把长长的木锄。勤劳的印第安人就用木锄刨开了沉睡的大地，撒下了金色的种子。于是，在美洲的大地上就长出了葱茏的玉米，结出硕大的果穗和晶莹如玉的籽粒。在漫长的岁月里，印第安人就依靠种植和采集太阳神赐予的玉米果穗作为食品，用它的秸秆作为柴薪，用它的苞叶编织衣物，如此世代相传，繁衍不息。

传说印加帝国的古都——库斯科就是太阳神吩咐他的儿子卡巴克

每年祭祀时，都要选出一名成年男子，打扮成印加王的模样。在秘鲁首都利马，打扮成"印加王"模样的表演者（上）参加祭神游行。

修建的，所以，每年的 6 月 24 日，印加人都带着玉米制作的各种供品来到库斯科的萨克萨瓦曼城堡进行祭拜。

有太阳神来自的的喀喀湖的传说

也有神话传说，库斯科印加部落是印第安人的一支，祖先住在库斯科南方，秘鲁和玻利维亚交界的的的喀喀湖上。这个世界上最高的淡水大湖（海拔 3812 米）有一个湖心岛，太阳神就住在那个地方。太阳神创造的一对男女离湖创业，走遍了安第斯山许多地方，终于找到了一块接近太阳的肥沃谷地。他俩以父亲太阳神的名义，召集人们兴建了库斯科城。于是，印加人自认是"太阳的子孙"，称自己的国家是"世界的四方"，将库斯科作为"世界的中心"。

12 世纪后期，库斯科部落逐渐征服附近部落，建立了强大的印加帝国。16 世纪初极盛时，势力北及哥伦比亚，南达智利中部。那时，到了每年 6 月 24 日的太阳祭，全城臣民全部出动，国内各部落也沿着巨石铺成的全长 1.6 万公里的驰道汇集，携带各种供品来到山顶广场。随后，人们将带来的佳肴和供品敬献于祭坛上，绕着祭坛载歌载舞。祭奠高潮时，人们抬着骆马投入湖中，作为敬献给太阳神的活祭品。黎明前，人们齐集在广场，赤脚恭候太阳的升起，太阳落山，祭奠活动才告结束。

太阳节因为侵略者的入侵中断过 400 年

16 世纪初，西班牙殖民军窜到库斯科，被华丽的城市惊得目瞪口呆。一名头领慨叹道："我在这块土地上再也没有见过比它更加雄伟的了！"冒险家哥伦布说过："黄金真是一个美妙的东西！谁有了它，谁就成为他要的一切东西的主人。有了黄金，甚至可以使灵魂升入天堂。"黄金驱使西班牙人入侵秘鲁，殖民军用先进的火器对付刀箭，库斯科城血流成河，宫殿里所有金银财宝均被洗劫一空。1531 年城陷，国王率残部继续抵抗。1572 年，殖民军司令皮萨罗得悉印加人还藏着一屋子金银，在俘获十三世印加王图帕克·阿马鲁一世之后，允其交出一屋子黄金和两屋子白银的赎金，即可释放。金银拿到手，国王还是被绞死了。于是，印加帝国灭亡，全体臣民沦为西班牙的奴隶。

人们围着火堆，载歌载舞，欢声雷动，群峰震撼。直至黄昏，狂欢的人群才伴随着落日的余晖，满载着希望返回家园。秘鲁首都利马，身穿民族服装的秘鲁少女跳起民族舞蹈。

印加人不屈服于殖民统治，市郊一位名叫阿塞·加夫列尔孔多尔坎基的酋长，1780年11月4日在家乡举事。自称图帕克·阿马鲁二世，以示恢复印加帝国的决心。几个月内，起义队伍发展到6万多人，解放了秘鲁南部及玻利维亚、阿根廷部分地区，进军库斯科。由于没有经验，兵分几路，被各个击破。1781年5月18日，阿马鲁二世被押解到库斯科中央广场，五马分尸。就义之时，成千上万名印第安人不顾殖民军的镇压，跪于街头向领袖致敬诀别。自由之火不能扑灭，1821年7月28日，秘鲁终于独立，太阳的子孙又成了自己国家的主人。

库斯科，令人怀念的古都，1944年开始恢复中断了400年的太阳节活动。节日那天，城里三百余家旅店均告客满。祭奠盛况不减当年，不过，主祭的国王、祭司和达官贵人都是假的，全由印加人后裔的艺人和学生扮演。

美国的大蒜节

大蒜，是人们日常生活中不可缺少的。经权威认证，被称为植物黄金的大蒜素，具有防癌、抗癌的功效，且杀菌作用显著。大蒜药用历史悠久，素有"地里长出的青霉素"之称。

"补人参不如吃大蒜"，大蒜这一神奇而古老的药食两用珍品，被称作"健康保护神"。随着大蒜在欧美及日本等保健意识发达国家流行，全世界兴起大蒜的保健品热正日益凸显。从国际市场上最流行的天然植物提取物三足鼎立——人参、大蒜和银杏来看，大蒜也越来越显示出其重要作用。

只是，身在都市，文明人难免会顾忌自己的"口气"。于是，少有人在公开场所酣畅淋漓地对大蒜大快朵颐。不过有个地方例外。

世界大蒜之都每年举行大蒜节

在美国加利福尼亚州，有一个闻名于世的大蒜之乡吉洛伊镇，号称"世界大蒜之都"。每年的7月29日到7月31日，如果你到吉洛伊小镇来，便可以无所顾忌地一饱蒜的"浓香"，因为那里正在举行大蒜节。那里的大蒜加

大蒜之乡吉洛伊镇

工业非常兴旺发达，每年一到 7 月底，"到吉洛伊去，吃蒜了吗？"的电视广告铺天盖地，极力宣称大蒜有百益而无一害。

人们进入吉洛伊镇后，沿途蒜味飘香，各种大蒜食品和节目让人目不暇接。

从小河畔到公园分布着四个舞台，音乐从绿色的草坪上传来，西部的爵士乐、摇滚乐充斥耳边，孩子们则是以玩木偶、涂画鬼脸和化妆小丑为乐。

到处是以大蒜为主题的造型、服装和卡通画；各种泥塑的大蒜造型围着一个小土屋子，大蒜爷爷和孙子颇为有趣地睁着大眼睛看着来往的人群；美丽的小姑娘穿着大蒜型的大肚白裙，头上顶着大蒜头饰，可爱极了；用大蒜作装饰的花环是少妇们的最爱，大蒜和鲜花交错织就的花环戴在头上，别有一番味道；用大蒜码成的艺术品更是令人叫绝。原来大蒜不仅仅可以用来吃，还可以给人们带来这么多的乐趣和艺术享受。

最有趣的是声势浩大的大蒜烹调盛会

大蒜节期间，十几万名大蒜爱好者蜂拥而至，将由 3 吨新鲜大蒜烹制的菜肴——大蒜汤、大蒜派、大蒜三明治——食之一空，而后散去。这是一次向所谓文明礼仪的集体挑战，向大蒜的朝拜。蒜食席间，歌唱家们大唱蒜的咏叹调、艺术家展卖大蒜艺术品，真是一个真正的、独特的辛辣十足的狂欢节。

不过最有趣的莫过于超级厨师当场表演烹蒜绝技。蒜汁牛扒肉中带红夹于面

大蒜烹调盛会现场

包中，茄汁大蒜爆鱿鱼香味扑鼻，蒜茸什锦的可口，蒜茸面包的香脆，令人食欲大振，蒜茸意大利式凉面则更是别有一番风味。另外烧鸡、烧鸭及红烧猪蹄都涂上大蒜味香料，连熟玉米棒也涂上蒜味奶油。

市场上最多的是大蒜瓣，另有捣好的蒜茸、蒜汁、蒜粉、蒜酱、蒜盐、蒜片、糖醋蒜、蒜味奶酪、蒜味牛油等供你享用。最耐人寻味的还是蒜味香水，可使人皮肤细嫩。

除此以外，大蒜节还为来自世界各地的客人提供最优质的服务，让大家吃好、玩好、休息好。

首届大蒜节颇费心思

节日的起源有一个真实的版本。20 世纪 70 年代，法国的一个小镇号称自己是世界大蒜之都。吉洛伊大学校长米勒恩博士对此不以为然，他相信真正的大蒜之都在吉洛伊。因为这里大蒜的产量与加工都居世界首位，于是他倡议吉洛伊举行自己的大蒜节。提议受到政府官员的怠慢，米勒恩转而向种植大蒜的农夫求助，将他们堵在酒吧里，不停地游说。1979 年在多方努力之下，政府勉强同意。

节日的第一天，晨雾笼罩了整个小镇，街上人迹寥寥。主办者开始怀疑可能要遭遇冷场。然而，当太阳拨开云层跳出来时，街上突然人声鼎沸。

狂欢节门票很快售罄，食物、饮料、酒品被抢购一空。中午主管啤酒的志愿者紧急向百威公司求助。"嗨，几桶啤酒可不够，要运就来几卡车！"

大蒜狂欢节现场

首届大蒜节的成

功使当地人对大蒜有了重新的认识，而且获得了认同感。20 多年过去了，大蒜节的声势越来越浩大。

现在的吉洛伊居民更是备感自豪：世界大蒜之都在加州吉洛伊——这是全球公认的事实！

西班牙的番茄大战

西班牙的地理反差甚大，曲折的海岸线、干旱的内陆、肥沃的乡野、积雪的山峰……在这片文化汇集的土地上，有数以千计富于表现力的节日，对世界各地的游客有着极大的吸引力。

每年 8 月最后一个星期三，在西班牙巴伦西亚地区的布尼奥尔小镇都举行一年一度的民间传统节日番茄节——"番茄大战"。

"番茄大战"一般在布尼奥尔镇中心人民广场开始，"参战"和"观战"的人数达 3 万多人。在大战的前夜，作为"子弹"的西红柿也运到了。这十几吨西红柿都是从边远的省份运来的，因为那里的西红柿价钱非常便宜。

在西班牙首都马德里以西 300 公里的布尼奥尔，人们在传统节日"番茄大战"活动中互掷番茄

为了吸引来自世界各地的游客，西红柿节已经发展成一个持续七天的节日。在整整一周内，布尼奥尔小镇上随处可见游行、焰火和美食。这一天晚上还要举行一个西班牙式菜肉饭的烹饪比赛，超过 50 名参赛者在户外点燃篝火，用垃圾桶那样巨大的锅慢慢炖着他们的美味，

锅里飘出来的香味让人垂涎三尺。美酒和美食让人们陶醉，酒足饭饱之后，他们就可以勇敢地投入战斗了。

番茄节的名言是"番茄汁是阁下最美丽的衣服"，游戏规则是只能使用番茄打人，而且要把番茄捏烂后才能出手。随着一声令下，成千上万的"战士"手抓熟透了的又大又红的西红柿，向身旁素不相识的"敌人"的头上或者身上其他部位投掷、搓揉。每一个人都是打击的目标，连运送"子弹"的卡车司机都不能幸免。如果一个拿着照相机的记者被发现，他就立刻会成为众"柿"之的。为了躲避四面八方袭来的西红柿，大家使尽全身解数腾挪躲闪，稍有空隙，就在逃跑中急停还击。不一会儿个个"参战者"浑身上下都是红糊糊的西红柿汁，整个街道也成了一条"番茄河"。一般来说，激烈的战斗会持续半个小时，随着从一个阳台上发出的火箭信号，"番茄大战"宣告结束。满身西红柿汁的"战士"们到河边冲洗，而镇上的居民还有一项艰巨的任务：清理已经变成红色的街道。约一个小时后，整个广场和街道被打扫得干净如初，布尼奥尔城又恢复了往常的宁静。

那天对广场周围商店的老板们来说可不是个好日子，他们不得不把店铺的门窗都关严，并且用塑料布盖好，否则后果不堪设想。对游客们来说，西红柿是不需要花钱的。不过，有一点他们可能事先没有想到：大战结束后，他们就一定要到附近的小商店里买一件新的外套了。

布尼奥尔的"番茄大战"始于 1945 年。关于它的来历，有这样一个传说：有一天，该城一个小乐队从市中心吹着喇叭招摇过市，领头者更是将喇叭翘到了天上。这时，一伙年轻人突发奇想，抓起西红柿

西班牙 Bunyol "番茄节"

向那喇叭筒里扔，并且互相比试，看看谁能把西红柿扔进去。这就是"西红柿大战"的由来，此后，每年这天都会再打一场这样的"战役"。随着时间的推移，街上的行人也加入混战。后来，就连世界各地慕名而至的游客也加入了"战斗"。由于游客通过这样的活动可以尽情放松压抑的心情，并重新找到童年的感觉，因此这个奇特的节日在西班牙正变得越来越盛行。

最古老的埃及闻风节

埃及是一个节日众多的国家，多得令人眼花缭乱目不暇接，不仅有国家规定的统一的节日，也有各个省市规定的地方性节日。另外，还有伊斯兰教、基督教和犹太教等宗教性节日以及名目繁多的民族传统节日。乐观豪放的埃及人在平时都会把生活搞得热气腾腾活力无限，使大街小巷到处充满躁动和喧嚣，节日之际人们更是尽兴尽意狂舞狂欢。但是，当开罗这样一个现代化大都市在某一天突然失去了往日的喧闹而趋于平静的时候，对于短期滞留的外国人，也许他们会感到十分不解，而长期居住者则会与埃及人一样地兴奋欢快，因为他们和埃及人一样，在欢度每年一度的传统节日——闻风节。

最古老的全民节日

闻风节也称惠风节，民间老百姓还把这个节日叫做闻香节或者春节。据《金字塔报》上的文章说，这是一个埃及绝对最古老也是最盛大的全民性的传统节日。闻风节起源于公元前2700年前的古埃及法老时期，至今已经有五千年的历史了，是当今世界上仍具有生命力的最古老的节日之一。

相传古埃及人认为，闻风节的到来象征着春回大地万物复苏，也象征着新生活的开始。现已发现的埃及最早的关于闻风节庆典的壁画记载是在公元前 2700 年。

历史学家研究认为，闻风节是在古埃及第三王朝后期成为正式节日的，以后才演变为阿拉伯语的名称"闻风节"。闻风节在阿拉伯语中叫"夏姆·纳西姆"，"夏姆"是闻、嗅的意思，"纳西姆"为微风、惠风的意思。所以，也有惠风节的中文译法。

闻风节的确切日期每年都不固定，大约在三月中旬到五月上旬之间。这是因为基督教传入埃及以后，有一年的闻风节正好是基督教的大斋节，禁止食用鱼肉，而埃及人在闻

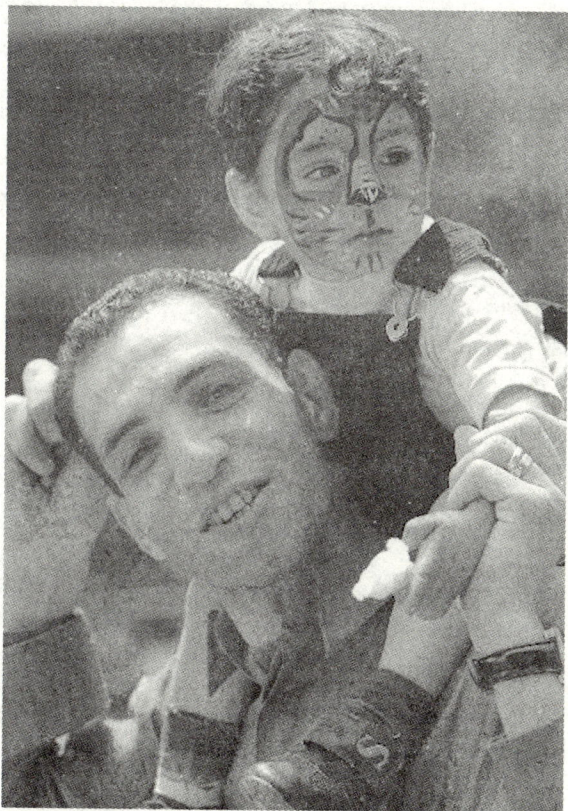

一位父亲带儿子参加闻风节

风节时则必食一种叫做"法思赫"的咸鱼，如此只能将节日推迟，后来固定在每年复活节后的第二天，也就是每年复活节后的星期一。

以坐标确定节日到来

有趣的是，古埃及人是以金字塔为坐标确定"闻风"节到来和开始庆典的精确时间。当前一天黑夜渐消，闻风节黎明来临，金字塔在朦胧中依稀可见时，各种庆典活动就开始了。在历史上，人金字塔的太阳神庆典仪式十分壮观。从下午 6 时开始，古埃及人就聚集在大金字塔前，朝北仰望金字塔上空的艳丽夕阳，他们认为此刻太阳神正在塔上俯视大地与臣民。

此刻，大金字塔恰好一半洒满阳光，另一半笼罩在阴影之中，似乎被居中分为两半，增添了更为神秘的色彩。几分钟后，红日从金字塔后消失，标志着太阳神已经离去，庆典仪式在靓丽的晚霞衬托下完成。

时至今日，吉萨金字塔地区仍是闻风节时许多埃及老百姓向往的去处。这一天，很多人都想攀登金字塔，亲身领略闻风节的古老神韵。多年来，吉萨金字塔内部湿度升高，损伤加剧，政府已明令禁止游人攀登。然而，每逢闻风节，攀登金字塔现象屡禁不止。后来，当局干脆下令，闻风节期间金字塔只接待外国游客。

埃及全民的欢乐

闻风节是埃及全民的节日，也是埃及全民的欢乐。

古埃及人过闻风节有些像中国的五月端午赛龙舟，他们把太阳舟放在装饰得五彩缤纷富丽堂皇的大船上，顺尼罗河而下，祭司和士兵们在船上敲锣打鼓高歌，法老和宫臣以及众多的百姓则在岸边尽情观赏享乐，儿童们不停地跑来跑去，欢呼雀跃。

到了闻风节这天，全国放假一天，全国大大小小的公园娱乐场所免费向公众开放。节日期间，人们的主要活动是走出家门，走向自然，到野外

埃及金字塔

踏青和野餐。在春风和煦、百花盛开、处处绿肥红瘦的大自然中，感受春天所带来的诗情画意和勃勃生机。这一天，不同民族、不同肤色、不同宗

教、不同信仰的埃及人都会身着节日盛装，携带各种乐器，满载丰盛的食物，全家大小成群结队地拥向自然的怀抱，充分感受与大自然交融的气息，尽情享受大自然的美丽风光。

五种食物是必需的

野餐是闻风节必不可少的组成部分，而彩蛋、腌鱼、大葱、生菜和青鸡豆又是野餐中必不可少的五种食物。据说，这五种食物都有各自的含义和象征，有的出自于一段古老的传说。

食物之一：鸡蛋

古埃及人把鸡蛋视为生命的起源，认为是太阳神给予鸡蛋和地球生命，因此，鸡蛋孵化成小鸡，大地产生生灵。

他们一般习惯在节日的前夜把鸡蛋煮熟，染上不同的颜色，然后再写上自己的祝愿和心愿，上色所表达的意思是春意盎然，万象更新。彩蛋做好以后，被放置在用椰枣树枝编成的篮筐里，挂在树枝或者凉台上，等待太阳神显灵。据说这样做是为了让神灵满足人们写在彩蛋上的祝愿。当清晨的第一缕曙光照在彩蛋上时，人们的祝愿就会被神灵所接受。在节日中互致问候时手持彩蛋相互碰撞，也是埃及人祈求好运的一种方式，谁的鸡蛋没有破裂，就意味着太阳神将满足他的祝愿。这时，人们就可以把吉祥的彩蛋剥开食用，还可以把它作为节日的礼物，向亲朋好友赠送，部分情节有些像我们中国人在喜得贵子时向前来道喜的人分发象征喜庆的红鸡蛋。

食物之二：腌鱼

据说，古代的埃及人在夏天不吃鱼，其实这也很容易理解。因为埃及国土的96%都是沙漠，气候干燥炎热，尤其夏天更是酷暑难当，没有保鲜条件的鱼在夏天会很快腐烂变质。后来，聪明的埃及人想出了办法，他们在冬天的时候把捕到的鱼腌制起来，装在密封的容器里，留到闻风节的时候启封生吃。这就是现在埃及人每逢此节必吃的生腌鱼"法思赫"。

食物之三：大葱

食用大葱则有一段传说故事，相传在很久以前，有一位德高望重的法

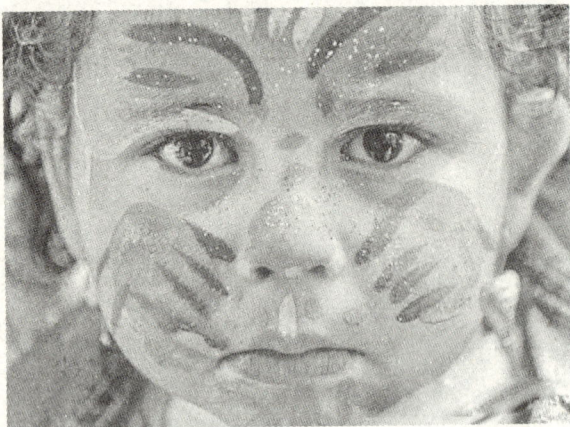

庆祝闻风节，一名埃及小女孩在首都开罗的吉萨动物园内展示刚刚绘制完成的面部彩绘

老只有一个独生子，法老把他当作自己的掌上明珠，倍加呵护，周围的人们也十分喜爱这个孩子。但不幸的是小王子染上了一种无人知晓的怪病，数年卧床不起，无法行动，医生和占卜士对他的病都束手无策。后来，法老请来了太阳神庙的祭司给小王子看病。祭司让人拿来大葱，在日落的时候把大葱放在了小王子的枕头底下，然后不停地念着咒语。第二天太阳出来之时，祭司把大葱折断，放在小王子的鼻子上，让他呼吸所发出来的气味，同时他还让人们把很多大葱悬挂在床边以及卧室和王宫的门框上，用来驱赶邪气。不久以后，小王子病体痊愈，能够自由地起坐玩耍，为此举国上下无不欢欣鼓舞。这时，正值闻风节到来之际，大葱便当之无愧地成了神圣的节日食品。

食物之四：生菜

生菜和大葱一样有一定的药用价值。但是，被埃及人作为生菜的这种蔬菜并非我们中国常见的那种圆形生菜。而是一种类似于莴苣叶，但是又没有根茎的绿色菜，在埃及生活的中国人往往把这种菜叫做莴苣叶。古埃及的纸草医书上提到生菜可以抵御各种春季疾病的侵袭，治疗风湿、胃溃疡，以及消化、神经系统的疾病。古埃及人还把生菜作为祭品，向繁衍之神上供。后来的科学家经研究后发现，生菜里含有雄性激素的成分，这就不难解释古埃及人为什么会把它作为向繁衍之神上供的祭品了。

食物之五：青鸡豆

青鸡也有一定的药用价值。青鸡豆也叫埃及豆，和生菜一样都是埃及春季的应节蔬菜。据说，这种豆在春季能对各种常见的儿科疾病起到预防的作用，对肝肾膀胱疾病也有疗效，另外还有止血消炎、活血化淤、促进伤口愈合的功效。

美国的青蛙节

说到美国南部的路易斯安那州，一般人联想到的多半是纽奥良的爵士乐与嘉年华会。其实，该州还有一个地方颇吸引人，那就是隶属于该州的小镇莱恩。莱恩小镇每年秋天都会吸引 3 万~5 万人，这些人都是冲着青蛙来的。这到底是怎么一回事呢？

被誉为世界青蛙之都

小镇莱恩被誉为世界青蛙之都。有人不喜欢青蛙，觉得它们黏糊糊而且太过聒噪，但在这里，青蛙却被视为"丑陋的外表之下暗藏着高贵"的生灵，受到很高的礼遇。

走在莱恩的街上，四处都可看到以青蛙为主题的壁画。有的是青蛙玩乐器，有的是青蛙印报纸。总而言之，踏进这个小镇，立刻让人感到青蛙的无处不在。

说到青蛙，许多爱看童话的人都会联想到青蛙王子。当地居民对青蛙如此情有独钟，也许是受了安徒生的"蛊惑"，相信它

眼睛半眯的青蛙

们个个是被施了咒的王子，只需等待公主的轻轻一吻，便可以摇身恢复英

气逼人的王者身。

在莱恩镇每年举办的青蛙节上，青蛙王子是没有的，青蛙公主却有很多。每年的节日里，都会有美丽的女孩排着队去亲吻一只只的青蛙，圆一圆玫瑰色的童话梦。

有青蛙选美和青蛙赛跑的节目

1880 年，纽奥良的一位大厨开始在餐厅卖莱恩镇出产的青蛙腿，结果一炮走红，同时也使莱恩小镇跟着出了名。于是当地民众开始举办青蛙节的活动，演变至今。

每年 9 月中旬的青蛙节已经成为莱恩镇的重大节庆，为期三天的活动中，有各式各样与青蛙有关的比赛。

青蛙节间，花车游行，乐队演出，还有各种美味佳肴。当你身穿青蛙图案的 T 恤衫，喝着当地自酿的醇香威士忌，挤在欢歌笑语的人群中蹦蹦跳跳的时候，酣畅得可以忘记一切。只有身在其中，才知道原来与青蛙同乐的快乐不仅仅属于童年。

林蛙

节日期间，最引人注目的就是"青蛙选美"。参赛者得先费一番工夫帮青蛙打扮，然后等待名次揭晓，来自各地的评委会根据大家的意见评选出当年的"青蛙最佳时尚大奖"。

而热闹激烈的青蛙赛跑也是不可或缺的，青蛙节的最大盛事便是德比蛙赛了。赛手是一身骑手装束的众青蛙，搭档便是盛装的小女孩。一声令下，青蛙脱笼而出，在女孩子们不停的鼓励下，向终点狂蹦乱跳。人们拥在跑道两旁，为自己喜爱的"赛蛙"呐喊助威，场面甚是热闹。

　　再看青蛙，个个越战越勇。只是在地动山摇的欢呼声中，又仿佛纷纷迷失了方向。好在德比蛙赛不以到达终点论英雄，冠军往往产生于跳得最高、跳得最远的那一只——即便它可能一时得意忘形，跳上树顶，忘记了归路。获胜青蛙的主人将被加冕为青蛙女王，受众人"膜拜"。

　　每年青蛙节的这几天里，莱恩小镇就变成了青蛙的世界。官方网站上甚至还会宣布："请自带青蛙，或租借。"为了让大家玩得尽兴，尽职的组织者当然不希望有人在青蛙节上落单。若是你真的窘迫到养不起一只青蛙，他们会提供出租服务，而且租金低廉。

　　南宋词人辛弃疾有句名词："稻花香里说丰年，听取蛙声一片。"估计，这个季节来到莱恩小镇的人，就会真真切切地有此番感受了。

青蛙逃脱不了盘中餐的命运

　　当然，尽管节日里风光无限，但青蛙们还是逃脱不了成为盘中餐的命运。活动过后，莱恩小镇的街头会飘过阵阵炸青蛙腿的香味。许多人都对鲜嫩的炸蛙腿情有独钟，油炸青蛙甚至成了人们在节日里必吃的一道风味特餐。莱恩的青蛙一定觉得自己很命苦，做牛做马，讨人类欢心，最后还要被刀剐油煎，成为炸蛙腿。

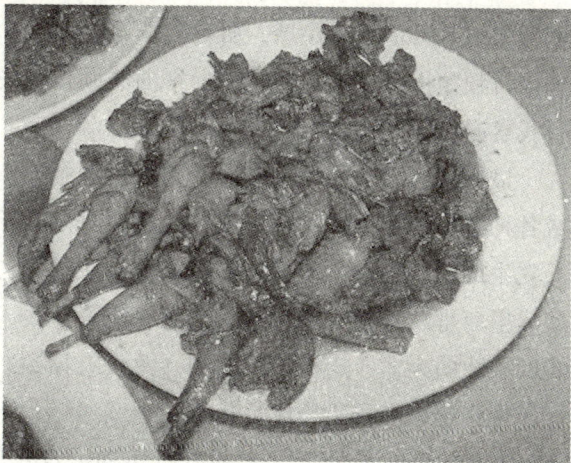

餐桌上的青蛙

　　青蛙节发展到今天，已经不单单是一种娱乐消遣，它更是带动了这一地区的经济发展。因为每年都会有大批的游客涌向莱恩镇，与当地居民共同欢度这个奇趣的节日。

让人捧腹的"驴"节

纵观全球，缤纷多彩的习俗节日可谓多多，可给驴子过节，实在是新鲜事情。在我们国家，一想起驴，一般会想起"黔驴技穷"、"驴脾气"诸类字眼，有那么点贬义色彩。不过世界之大，无奇不有，还真有这么几个地方，驴子备受宠爱，也有自己特殊的节日。

墨西哥的奥通巴镇有一年一度的"驴节"

近日，位于墨西哥中部的奥通巴镇举行了一年一度的"驴节"。

节日活动从引人注目的"驴球比赛"开始。驴的主人手持扫帚，骑在驴背上追赶着地上的足球，听话的驴在主人的口令下熟练地左冲右突，势如破竹频频得分；而那些脾气上来的驴则伫立场中央，任主人左蹬右踹我行我素岿然不动。

最有趣的恐怕要属化装比赛了，驴的主人头天晚上把自己的爱驴化装成各种各样的形象，其中多数都是墨西哥的政治人物，比如总统先生、州长先生或者议会议员，等等。一群驴站在镇中心的广场上，它们有的被化装成墨西哥总统福克斯，有的被化装成第一夫人，还有的身披鳞片活像长着四条腿的火龙。这种善意的嘲弄并没有招致政府的反感，相反，一些政客还特意跑来观看装扮成自己的驴。

节日的高潮是最后盛大的游行活动。身着华丽的马利亚奇民间乐队、色彩鲜亮的彩车，还有装扮得各有特点的驴纵队从欢呼的人群中穿过，博得阵阵掌声。一些父母还把自己的孩子化妆成驴，在游行队伍中蹦蹦跳跳，十分可爱。

在西班牙殖民时期，奥通巴镇一直是西班牙商旅中途休整的驻地，同时也是墨西哥中部著名的驴子交易市场，直到今天墨西哥还流行着这样的俗语："如果你要驴子，请到奥通巴。"40 年前，这里举行了第一届"驴节"，以感谢驴辛勤的劳动。如今的奥通巴镇虽然已经是汽车满街跑了，但是朴实的人们并没有忘记这些忠实的动物朋友，所以为它们特别举办了"驴节"。驴子是温顺的牲口，但是在"骑驴比赛"中，当你看到尚未驯化的驴子把陌生的骑手摔得人仰"驴"翻的时候，也许会改变这种想法。

英国毛驴最"绅士"，拥有"毛驴周"

走进英国德文郡西部的斯佩德农场，你会看到这样一幅景象：一头头毛驴身穿裁剪得体的夹克，躺在草地上悠闲地晒着太阳。这一场景也许会让你大跌眼镜，不过对当地人来说，已是见怪不怪了。原来斯佩德农场是当地一所有名的毛驴庇护所，这里的毛驴过着十分优越的生活。

这家毛驴庇护所的创建人是伊丽莎白·斯文顿博士。1969 年，斯文顿博士买了一头母驴，取名为菲斯。出于对毛驴的热爱，她加入了"毛驴繁殖协会"。她在市场上发现，毛驴的处境极为悲惨，许多毛驴骨瘦如柴，还常常受到主人的鞭打。于是，她开始收养这些可怜的毛驴。如今，庇护所已收养了 5000 头毛驴。庇护所的毛驴过着养尊处优的生活。驴舍的设施十分现代化，地面均可加热。冬天，毛驴外出散步时，工作人员会给它们穿上厚厚的夹克。为了怕毛驴寂寞，驴舍的走廊上，甚至工作人员的办公室里，都挂满了毛驴的画像。不仅如此，庇护所还有 60 名工作人员专门负责照料毛驴的日常

众人观看"毛驴周"节日的节目

生活。毛驴外出时，有人全程陪同。就连毛驴晚上睡觉的时候，都有人值班。一般来说，毛驴的平均寿命为 28 岁，但这里的毛驴平均寿命达 38 岁，有一头甚至已经活到了 54 岁的"高龄"。

每年 5 月，毛驴庇护所都要举办"毛驴周"。届时，全国各地的毛驴爱好者都会拥到德文郡来欢度这个节日。这些毛驴爱好者放着好端端的酒店不住，偏偏来到驴舍与毛驴"共度佳节"。他们白天陪毛驴外出遛弯，晚上就在驴舍搭一张床铺，和毛驴住在一起。不仅如此，庇护所的毛驴还扮演"爱心大使"的角色，在节日里，工作人员会牵着毛驴去慰问卧病在床的老人。

近年来，英国经济不太景气。然而，毛驴庇护所却一点也不用为资金发愁，它的捐款来自毛驴爱好者的遗赠。

被打扮的非常漂亮的毛驴

美国：拉驴篮球友谊赛

据大洋网讯，为庆祝"美国远景农业展望周"，近日，美国的三个地区性高中举行了一次有趣的拉驴篮球友谊赛。选手们不论是运球、抢截、上篮，都必须拉着驴兄弟一块儿干，整个比赛场面令人捧腹。

众所周知，美国人酷爱篮球运动。美国人玩篮球，玩得出神入化，让世界人民目瞪口呆，叹为观止。美国人玩篮球，自己制定规则，让世界跟着他走，别人求他陪着玩一玩，他还有点不屑一顾。如今，美国人又想新招，拉着驴子玩篮球。

不管队员们的常规动作因为驴子的加入有多别扭，个个还是热火朝天地运球、投篮，可因为有了驴子的拉扯，整个比赛最抢风头的不是运动健将们，而是那些被拉来扯去的驴子们。不过即使有了这般荣耀，驴子们还是不情愿地配合着人们运动着，任由牵着的人怎么着急都没有用。整个场面可是笑坏了场外的观众。

印度：为驴举行婚礼

更有意思的是，2002 年 6 月，位于印度南部的一个遭受旱灾的小村庄的村民们为了祈求印度雨神为两头驴举行了婚礼。

据印度媒体报道，这两头驴被打扮成"新郎"和"新娘"的模样，然后被护送到印度泰米尔·纳都省萨克雅纳雅卡努尔村的寺庙里。

一名当地的牧师一边念祷文，一边带领这对"驴夫妻"参加祈求雨神的典礼，然后"驴夫妻"和村民们一起参加游行，婚礼最终以婚宴结束。

2003 年 6 月，印度南部港口城市马德拉斯也举行过一次这样的求雨活动。当时的马德拉斯此前一直在饱受旱灾之苦，为了祈雨马德拉斯港的人们想出了一个办法，那就是为五对驴举办一次精心准备的隆重"婚礼"，祈求上天神灵的降福。参加此次

驮着东西的毛驴

"婚礼"的五对驴全部是由泰米尔运来的，在他们喜入"洞房"之后他们还将被运回还给他们的主人。整个婚礼总共花费了 100 美元。

马德拉斯市有 650 万人口，由于近几年受印度洋弱季风气候的影响，以及水资源分配系统的不完善，马德拉斯市已经陷入极度缺水的状态。2003 年的上半年，很多马德拉斯居民一直在想办法通过郊区的蓄水池来满足基本生活用水的需要，但这一水资源已经几近枯竭，人们只有期盼通过这种方式来乞求上天普降甘霖。马德拉斯市的人们为这一对驴儿举办了这次长达 1 个小时的当地传统风格的"婚礼"，希望通过这样的方式能够祈求上天拯救万物生灵。

苏丹驴节有驴的宣传

苏丹红海省的驴节定在每年 4 月的最后一天。每逢节日，城乡各处均张贴有驴的宣传画和护驴标语，各家主人还将自家的驴披红挂绿地打扮一番后牵到集镇上去参加驴子大游行。

不过，如果游行当中，哪头驴被远方的客人买走的话，那它就不能在这里继续过节日。

比利时的民间赛驴活动别出心裁

在比利时瓦隆地区的三桥小镇，赛驴是一项当地民间传统活动。

这里的赛驴活动别出心裁，和赛马不一样，它比的不是速度，而是参赛者驾驭驴的技能。其中一项是参赛者牵着驴子吃胡萝卜，比赛的要求是只能自己吃，不能让驴子吃。看来真是本末倒置啊！估计驴子享受了出风头这一番"被尊者"的待遇，心里也还是不美的，胡萝卜本该是它的美味，干嘛不给它吃啊？

古怪奇特的蛇节

大千世界，无奇不有。有崇拜老鼠的，有崇拜牛的，也有崇拜蛇的。虽然，我一想起蛇这个爬行动物，就浑身起疙瘩，但仍按捺不住好奇心，去探究一下人们对它的崇拜。

其实，对蛇的崇拜由来已久，而且遍布世界各地。

意大利的哥酉洛每年举行游蛇节

历史悠久的意大利古镇——哥酉洛则被称为蛇城。哥酉洛位于离首都约170公里的阿布鲁齐佐地区，居住在这里的居民，几乎家家户户都养蛇。平时，儿童总把蛇当作玩具，新婚夫妇则把蛇当作珍贵的新婚礼物。在这个古镇上，至今仍保持着中世纪流传下来的一些神秘而古老的传统，其中，最特别的就是每年5月第一个周四所举行的多明我修会节，俗称"游蛇节"。

游蛇节这一天，人们会将自己家养的蛇放出来，让大家观赏。蛇满街爬行，路人看到若无其事。有的人手里还拿几条蛇，以示对蛇节的祝贺。如果人们在路边遇到蛇或蛇爬到家里，就被认为是"福之将至"。

届时，会有游蛇活动。这个活动虽然规模不大，但颇具特色，当属意大利最出名的活动之一。在通往广场的街道上，走在游行队伍最前面的是一群捕蛇猎人，他们毕恭毕敬地将一条长长的毒蛇用双手高高托起。这些参加活动的毒蛇，是猎人们趁其冬眠的时候捕捉回来的，蛇的毒牙早已被拔掉了。跟随其后，当地居民所崇敬的圣像被抬出来，小小的街道被挤得水泄不通，捕蛇人将蛇挂在圣像上，而一条条蛇顺从地由着捕蛇人恣意摆弄，盘绕在塑像身上。这时，整个活动达到了高潮，被蛇缠绕的圣像被人群抬过了头顶，沿着镇里的各条小道游行。一直到游行结束，这些节日的主角——蛇才会被放生，重新获得自由。

据说，当年该地区蛇满为患，恶狼出没，

多明我会会士

于是庄稼人便将一切歉收、疾病、痛苦归罪于这些看上去阴险可怕的动物。不过，古代的百姓们是向意大利蒙难女神——安吉齐娃求助，将捕获的毒蛇奉献给她。如今，随着岁月流逝，这种活动演变成对能医治猛兽毒蛇咬伤的多明我师父的崇拜。

印度极其崇拜蛇，蛇节花样更多

在印度，蛇极受崇拜。印度有许多寺庙供奉着蛇，许多节日专门为蛇而设，有的神的塑像的脖子上也缠着蛇。在印度的一些地方，每年都要过一个盛大的蛇节。节日到来之际，男女盛装，向置于湿婆像前的眼镜蛇奉献贡品并顶礼膜拜。

走进任何一个有名的印度旅游景点，你都会发现戴头巾的舞蛇人在吹着木笛，柳篮中的眼镜王蛇则闻乐起舞。舞蛇是印度许多人祖传的职业，世代就靠它维生。

自古以来，印度人对舞蛇人一直是心存敬畏的。舞蛇人戴着与众不同的琥珀耳环和珠链，被尊奉为印度神话中的"瑜伽修行者"或圣人。

在距孟买160公里的雪拉村，每年的蛇节在8月8日举行。节前，妇女们沐浴更衣，打扫庭院，虔诚祈祷，而男人们则去田野捕蛇。

节日的早晨，人们高擎旌旗，吹响螺号，敲锣打鼓，向庙宇进发。在庙宇前的空地上，人们把带来的野蛇从

一名印度男子跟蛇交流

瓦罐里放出来。妇女们用满盘牛奶和米饭供奉"蛇"神，并用鲜花轻拂蛇头，将彩色香粉撒在蛇的身上，其余的人有的向蛇磕头跪拜，有的对蛇号啕大哭，有的与蛇"窃窃私语"。说来也怪，每到此时，野蛇凶残的本性便荡然无存，而是温顺地任人抚摸摆弄。蛇节结束，这些蛇被一一放生，又恢复了如初秉性。

逢年过节，都要蒸一种盘着面塑小蛇的枣糕馍，嘴巴处塞一硬币，名忌曰"神虫"，意为"招财进宝"。

各国过年送礼有讲究

德国送礼讲究包装

在德国送礼，对礼品是否适当、包装是否精美要格外注意，玫瑰是专送情人的，绝不可送给主人，德国人喜欢应邀郊游，但主人在出发前需要细致周到的安排。

阿拉伯初次见面不送礼

在阿拉伯，初次见面时不送礼，否则会被视为行贿。阿拉伯习俗，用旧的物品和酒不能送人；特别不能送礼物给有商务往来的熟人的妻子。更不可询问他们的家居情况，去阿拉伯人家参观作客，千万不能盯住一件东西看个不停，那样阿拉伯主人一定要你收下这件东西，否则心里将鄙视你。

法国送花别捆扎

在法国送礼，一般选在重逢时。礼品选择应表示出对法国主人智慧的赞美，应邀去法国人家用餐时，应送几枝不捆扎的鲜花。拉丁美洲不能送手帕、刀剪等礼品。

拉丁美洲不能送刀剪，否则认为友情的完结，手帕也不能作为礼品，因为它是和眼泪相联系的。拉丁美洲人喜欢美国生产的小型家用产品，比如厨房用具等。在拉美国家，征税很高的物品极受欢迎，最好不送奢侈品。

日本人有送礼的习惯

日本人讲究礼仪，有送礼的习俗。但一般送一些对其本人没啥用途的物品，于是收礼人可以再转送。日本人喜欢中国的丝绸和名酒及中药，对一些名牌货也很喜欢，但对狐獾图案的东西则比较反感，因为狐狸是贪婪的象征，獾则代表狡诈。到普通百姓家做客，送菊花只能15片花瓣，皇家徽章才有16瓣的菊花。

英国人讨厌有公司标记的礼品

英国人讲究外表，一般送礼都是花费不多的东西，如高级巧克力、名酒和鲜花也是英国人送礼的最爱之物，合适的送礼时机应是晚餐后或看完戏之后，对标有公司标记的礼品，英国人普遍不欣赏。公司若送礼，最好以老板和私人名义。

向爱慕者送玫瑰花

美国人送礼当面打开

一般来说，美国人不随便送礼。有的在接到礼物时常常显得有些难为情。如果他们凑巧没有东西回礼，就更是如此。但是逢到节日、生日、婚礼或探视病人时，送礼还是免不了的。

美国人最盛行在圣诞节互赠礼品。圣诞节时，天真烂漫的孩子们为收到各种新奇玩具而兴高采烈，以为这是圣诞老人送给他们的礼物。大人们之间常送些书籍、文具、巧克力糖或盆景等。礼物多用花纸包好，再系上丝带。按照美国传统，圣诞节的前几天还有个"白圣诞节"，届时，人们用白纸包好礼物送给附近的穷人。

此外，美国人认为单数是吉利的。有时只送3个梨也不感到菲薄，不同于中国人讲究成双成对。美国人收到礼物，一定要马上打开，当着送礼人的面欣赏或品尝礼物，并立即向送礼者道谢。礼物包装讲究，外表精美，里面却不一定是太贵重的东西。有时打开里三层外三层的精美包装，露出来的只是几颗巧克力糖而已。

各种巧克力糖

俄罗斯人忌讳别人送钱

俄罗斯人送礼和收礼都极有讲究。俄罗斯人忌讳别人送钱，认为送钱是一种对人格的侮辱。但他们很爱外国货，外国的糖果、烟、酒、服饰都是很好的礼物。如果送花，要送单数不送双数，双数是不吉利的。

荷兰人送礼忌送食品

在荷兰，人们大多习惯吃生、冷食品，送礼忌送食品，且礼物要用纸制品包好。到荷兰人家庭作客，切勿对女主人过于殷勤。在男女同上楼梯时，其礼节恰好与大多数国家的习俗相反：男士在前，女士在后。

尼泊尔人点灯求平安

　　"灯节"是尼泊尔重要的节日之一，是敬奉乌鸦、狗、黄牛等动物，以取悦神灵、礼赞生命、庆祝丰收、祈求富裕和光明的喜庆节日。今天，在战乱不止的尼泊尔，人们希望通过灯节寄寓对和平的渴望。"灯节"在尼历的每年八月十五日开始，为期5天。第一天敬乌鸦。人们往地上撒大米，请乌鸦吃。乌鸦在印度教中被视为"死神的信使"。乌鸦一年到头从事清道夫工作，只有节日这天才能休息，接受人们的供奉。据说，如果有人不敬乌鸦，乌鸦就会通报坏消息，让他在未来的一年里不得安生。

　　第二天敬狗。这天，大街上的流浪狗也能得到人们的优待。狗是"人类最忠实的朋友"。在尼泊尔，狗还担任着重要的角色——"死神的看门人"。人们相信，狗能保证亡者的灵魂到达天堂。

　　第三天敬财神"拉克希米"，这也是灯节里重要的一天。人们早早起床，把屋子打扫干净，有的人甚至还要重新粉刷墙壁，因为人们相信财神喜欢去最干净的房子。同时，人们还要敬母黄牛，给它洗澡，在它头上点朱砂，给它戴花环，在牛尾巴处系上从祭司那里求来的圣线。

　　晚上，家家户户都点上灯，有电灯、油灯，也有蜡烛。房门前，台阶上，甚至屋顶上，人们尽可能地使自己的屋子变得亮堂起来，以吸引财神注意。如果那天碰巧是星期六，店铺都一改往日不营业的规定，张灯结彩，大开店门，欢迎财神光临。整个加德满都是"火树银花不夜天"。

　　这时，孩子们也不闲着，他们三五成群地前往邻居门前唱祝福歌，要求主人施舍金钱或美食，否则他们会搞恶作剧进行"报复"。由于近来尼泊尔的社会治安状况不佳，少年在组织此类活动时必须到警察局备案或提前通知准备去拜访的人，让他们有思想准备，不至于受到惊吓。

　　按照传统习俗，当晚人们还要放鞭炮庆祝，但因为尼泊尔反政府武装分子经常在首都袭击政府官员，所以政府 2006 年下令节日期间禁放鞭炮，以免枪声与鞭炮声混淆难辨。

第四天敬公黄牛。公黄牛不像母黄牛那样被视为"神兽"，但它是农民不可或缺的帮手，也受到礼遇。

第五天是姐妹兄弟"点红"日。这天，家里的兄弟都要前往姐妹的住所接受多种颜色的"点红"、花环和祝福，增进兄妹间的感情。没有姐妹或姐妹不在身边的人可请邻居的姐妹赐予祝福。多数人选择前往加德满都市中心的王妃池，在那里拜神并接受祝福。

王妃池位于王宫大道南 300 米处，池中心是一座白色的印度庙，周围是一个很大的水池，有一座长桥与庙相接。该庙一年只开放一天。人们争先恐后地进入王妃池，本来空间狭小的印度庙变得拥挤不堪。在庙的一侧，两位身着红色纱丽的妇女正在给前来朝拜的男人"点红"。

芬兰大学生戴帽节

在芬兰首都赫尔辛基，提起哈维斯·阿曼达无人不知。她是矗立在市中心南码头广场上圆形喷池中的一尊裸体少女青铜塑像。她面向大海，一手托腮，静静地凝望着芬兰湾，被人们誉为"大海女神"。据说，阿曼达是 20 世纪初芬兰著名雕塑家维莱·瓦尔格伦在巴黎创作的。

阿曼达塑像前最热闹的日子莫过于每年 4 月 30 日的大学生戴帽节。这一天，阿曼达成了万人瞩目的中心。据说，20 世纪初，一个五一节的前夕，一群大学生在阿曼达塑像附近的凯沃霍恩饭店里聚餐并彻夜狂欢。欢庆之余，他们突然想到伫立在寒夜中孤独的阿曼达，学生们立即从饭店买来一块台布披在阿曼达身上。一位小伙子灵机 动，从头上取下只有大学生才有资格戴的白色圆顶黑沿帽，戴在了阿曼达头上。从此之后，每年五一前夕的深夜里，总有大学生给阿曼达戴白帽，久而久之，便成了每年一度的固定节日。

芬兰大学生戴帽节现场

从 20 世纪 70 年代中期开始，为了维持社会治安，在芬兰警方的建议下，戴帽活动改在每年 4 月 30 日的下午进行。届时，赫尔辛基市中心南码头广场上聚集了成千上万的年轻人，几乎都是大学生。人群中也有在不久的将来准备考大学的少年。一些风度翩翩的老者尤为引人注目，从他们随身携带的那顶洗得发旧、发黄的大学生帽可以看出，他们曾经也是大学生。自发组织起来的小乐队分散在广场的各个角落，吹奏着欢乐的乐曲，成串成串鲜艳夺目的彩色气球高高地飘荡在半空中，到处是人们的欢声笑语，整个广场和附近的街道热闹非凡，洋溢着浓厚的节日气氛。

一辆乳白色的大吊车已伸出长长的吊臂，准备给为阿曼达戴帽的大学生"架桥铺路"。以往大学生都是跳进喷水池中用水桶、长柄板刷为阿曼达洗身，然后再爬上塑像为阿曼达戴帽。从 90 年代初开始，为了保护这尊"大海女神"铜像，启用了现代化的大型吊车来运载大学生为阿曼达净身戴帽。下午 6 点整，8 名身穿鲜艳运动装的男女大学生围成一个圆环被吊车徐徐吊起，缓缓移送到阿曼达塑像上方。他们每人手提一只带长绳的小桶，从喷水池中打起一桶桶清水泼洒在阿曼达身上。

此时，广场上的人群中爆发出阵阵掌声和喝彩声。8 名大学生刚刚离去，一名手持白帽、神气十足的小伙子被吊车送到阿曼达身边。他不停地挥动着手中的白色大学生帽向人们致意，就在他庄重地把白帽戴在阿曼达头上的一瞬间，广场上绝大多数的人都在同一时刻将手中的白帽戴在了头上。顿时，广场上奇迹般地变成了一片白色的海洋。与此同时，人群中爆发出长时间的热烈欢呼声。人们按捺不住兴奋的心情，纷纷打开早已准备好的香槟酒，开瓶声犹如爆竹般响成一片，喷洒而出的醇香酒液好似阵阵雨点洒向人群。人们举起酒杯互相祝愿，开怀畅饮，开始了每年一度的彻夜狂欢。

戴帽节的欢庆活动一直持续到次日凌晨。

外国人怎样吃"年夜饭"

吃一顿辞旧迎新的特色晚餐，可以说是很多国家庆贺新年的共同习俗。世界多姿多彩，各国的"年夜饭"也各不相同。根据地理环境、生活习惯和文化背景的不同，许多国家的"年夜饭"趣味无穷。

印度：饿肚子。印度人新年这一天实行禁食，从凌晨直到午夜止，过了午夜各家才品尝准备好的饭菜，互相祝贺新年。波兰：吃青菜。波兰少女在过新年时，要穿上特别的兔形衣服吃青菜，据说吃了青菜会事事顺心如意。法国：存酒喝光。法国人认为除夕时家有存酒来年会交厄运，只有干干净净，才会迎来新的一年的好日子，因此，他们宁可喝得酩酊大醉，也要将家中的酒喝个精光。巴拉圭：不动烟火。南美洲的巴拉圭人将年终最后5天定为冷食日。这5天上自

法国人的"年夜饭"——红酒

国家元首下至庶民百姓，都不动烟火，只吃冷食。新年零时钟声响后，才能开始点火烹煮佳肴，大摆宴席欢度新年。越南：禁止喝汤。越南北方地区的一些少数民族，除夕夜要到平时取水的地方烧香、磕头，并打一桶水煮年夜饭，煮好后先祭奠祖宗，然后全家吃年夜饭。吃这顿饭时，绝对禁止喝汤。他们认为，喝了汤种下的庄稼就会受涝，颗粒无收。匈牙利：忌食飞禽。匈牙利人除夕之夜不吃禽类，因为他们认为吃鸡、鸭、鸽等飞禽，来年的幸运会飞走。他们新年送亲友礼物，大都喜欢礼物上有打扫烟囱的工人和小肥猪的图形，打扫烟囱的工人是除旧的象征，胖乎乎的小肥猪含喜庆之意。马达加斯加：禁吃肉。在马达加斯加，新年以前7天时间内不准吃肉，要到除夕晚餐，才可吃些禽类。元旦这天，夫妇要向双方父母赠鸡尾，表示尊敬，向兄弟姐妹赠送鸡腿，表示关心和友谊。保加利亚：喜欢第一个打喷嚏的人。你若在保加利亚人家里吃年夜饭，一定要打喷嚏，这样会得到意想不到的好处。当地习俗认为，第一个打喷嚏的人，会给全家带来一年的幸福。于是主人走向自己的农场，将自己首先看到的第一只羊、第一头小牛，或第一匹马驹牵过来，送给第一个打喷嚏的客人。谁不愿多打这样值钱的喷嚏呢！

拉美人新年吃十二颗葡萄反穿内衣

世界是多彩的，世界上各民族庆祝新年的活动也都体现出自己独特的习俗。拉丁美洲是个多姿多彩的大陆，那里许多国家的节庆活动都别具一格。在辞旧迎新之际，拉美许多国家都有"吃12颗葡萄"的习俗。在新年钟声敲响的时候，人们会争相吞下一粒粒象征美好愿望的葡萄，对新的一年寄予新的希望。在庆祝新年时，拉美许多国家的人都会在深夜到大街上去散步，手里还要提着一个空旅行箱，意味着要把好运和财富都装进去。有些国家还有一个新年穿上亚麻质地、色彩鲜艳的内衣的习惯。当地人认为，黄色的内衣尤其象征着好兆头，或许能带来财富。巴拿马的女士甚至有在元旦前夜反穿内衣的习惯，这可不是什么怪癖，而是巴拿马人迎接新年的古老习俗。在秘鲁等国，人们习惯用焚烧旧家具和旧衣服来迎接新的一年。古巴人的习惯是往街道上泼一桶水，这意味着把过去一年所有的晦气都泼出去。智利人有一个看

可口的葡萄

似古怪的迎新方式，那就是一家老小在墓地吃晚餐。在伊基克和塔尔卡地区，人们会在元旦前夜把餐桌搬到亲人的墓碑旁，陪伴故去的亲人共同度过新年。不要以为这样的新年气氛就是严肃的，事实上，与其他地方的新年活动别无二致，依然有音乐和舞蹈。此外，人们还会在这一天喝一种由咖啡、牛奶、甘蔗酒、桂皮和糖制成的饮料。也许世界上最浪漫和最富有诗意的新年庆祝方式属于居住在海边的巴西人。人们会穿上白色的衣服，在夜晚时来到沙滩，在沙子上放些木薯粉和油，举行祭祀活动。随后，人们走向大海，接受海浪的拍打，同时向大海中撒玫瑰花瓣。玻利维亚人会在12月31日爬梯子，意味着"节节高升"。如果在新年这一天你在厄瓜多尔开车，那么被"敲诈"就是在所难免的了。从12月31日下午起，就有成千上万的男人装扮成寡妇的模样走上街头，在马路上拉起一条条绳索，以此来收取"过路费"。过路的司机都要留下些"施舍物"，让这些"寡妇"能够支付"亡夫"的"葬礼"费用。

乌拉圭人和阿根廷人则会在12月31日的晚上把纸片或挂历扔出窗外。

世界各国女人独享的节日

摩洛哥新娘节

摩洛哥艾特·哈迪柏柏尔部族具有特色的新娘节，也叫穆塞姆节，在每年9月份举行，将持续3天。

摩洛哥艾特－哈迪柏柏尔部族的新娘节，也叫穆塞姆节

节日期间，待嫁少女身着白衣，外披绣有部族标志的花格羊毛披衣，在亲人的陪伴下，一排排地坐在集市的祠堂前面，等待意中人的到来。求婚的小伙子们则头缠整洁的白毛巾，在知己朋友的陪同下，穿梭于待嫁姑娘群中，当找到了意中人时，便伸出右手求爱。姑娘如果拒不握手，即表示拒绝，如果同意，则说"你掳走了我的肝"（柏柏尔人认为健康的肝脏能给家庭带来幸福和美满），然后即商定婚期。年复一年，这个新娘节成全了许许多多的美满姻缘。

日本女孩节

在日本，每年的3月3日是女孩子们最高兴的日子，因为这一天是日本传统的"女孩节"。女孩节又叫"桃花节"。因为过去女孩节是在旧历3月3日（比公历3月3日约迟1个月），正值桃花盛开之时，故此得名。

在家中摆设偶人架是女孩节的传统庆祝活动。这天，凡是有女孩子的家庭都会在客厅里设置一个阶梯状的偶人架，在上面摆放各种穿着日本和服的小偶人（玩具娃娃），以庆祝女孩健康成长。

这些小偶人，有自己制作的，也有买的。日本人家只要有女孩降生，父母、祖父母或者亲戚朋友就都会送她一套精致漂亮的小偶人。一套偶人，一般为 15 个，有皇帝和皇后，3 位宫廷贵妇人，5 名乐师，2 位大臣和 3 个卫兵。这些小偶人姿态各异，栩栩如生。

今天的日本女孩，平时是不穿和服（日本的传统服装）的。但在女孩节这天，她们都会穿起漂亮的和服，并且邀来自己最亲密的伙伴，大家围坐在偶人架前，尽情地说笑、玩耍，愉快地欢度节日。

英国妇女的求爱日

2 月 29 日是英国一些地区的"妇女求爱日"。在这天，未婚女子可以向意中的男人大胆求爱，倘若男子拒绝，要以 1 英镑或绸缎衣服赠给"伤心"的女子，作为象征性的"赎罪"或回报。

瑞士妇女的掌权日

每年 1 月 1 日至 4 日，是瑞士一些地方的妇女掌权日。在为期 4 天的节日里，家庭大权由妇女掌握，男人甘愿听妇女摆布。

日本女孩在家中摆设的偶人架

第二章　千姿百态的婚俗趣闻

法国人未婚先别

　　法国人的传统婚俗极为有趣，男女双方都要在婚礼前举行告别活动。

　　结婚前，新郎要举行告别晚会，也叫埋葬单身汉生活晚会。这里的"埋葬"不是说说而已，有些地方还真要埋起来，而且要"送葬"。在法国的卢阿里地区，这样的晚会很有戏剧性，人们真的做个棺材一样的东西，像办丧事一样，请亲友来"吊丧"、奏哀乐，并举行安魂祈祷仪式。祈祷完毕，新郎走在前面，众人抬着"棺材"，将它埋在后花园中或扔到江河里。

　　和新郎一样，新娘婚前也要举行告别晚会，但不是"送葬"，而是辞行，也叫辞行宴会。在辞行宴会上，女伴们送上鲜花和花篮，新娘和大家一起唱歌跳舞，依依惜别。

一对法国新人

向自己的单身生活告别完毕，新郎和新娘才一起到教堂举行结婚仪式。

美国新娘身带"四样吉祥"

美国人的婚礼日趋简单，一般由女方操办。这样，女方不必办陪嫁，男方也不必多花费，到教堂举行过仪式，邀亲友聚餐一次就行了。婚礼这天，新娘要面戴白纱，而且随身带四样吉祥物。

"四样"是指旧的、新的、借的和蓝色的。旧的是母亲用过的东西，新的什么都可以，借的是从好友那儿借来的胸针或其他饰物，蓝色的是蓝袜带。

牧师宣布新娘和新郎结为夫妻后，新郎揭开面纱，给新娘戴上戒指。新娘欣喜若狂，将鲜花抛向身后未婚的姑娘。习俗认为，哪位姑娘接到鲜花，她便要先结婚。与此同时，新郎接过新娘的蓝色袜带，把这吉祥物抛给原来的单身伙伴们。

罗马尼亚新郎过"四关"

罗马尼亚人订婚仪式一般在女方家进行。从订婚到迎亲，新郎要过闭门、口试、折腾和过路四关，只有关关通过，才可喜结良缘。

订婚时，女方家大门先是紧闭，等新郎熟练地背诵出一首古老的民歌后，门才徐徐打开。这是闭门关。然后，未来的岳母、岳父纷纷提出各种问题，故意难为新郎。待新郎通过口试关，新娘才羞答答地出来与他见面。小伙子给姑娘戴上戒指，姑娘给小伙子一条亲手编织的围巾。

举行婚礼当天，新娘的母亲要用清晨从井里打来的"净水"为她洗身，水中放有牛奶、蜂蜜和玫瑰花。新娘洗身的时候，新郎正过折腾关。一群小伙子唱着民谣，比赛似地折腾新郎，刮胡子只给他刮半边脸，穿衣服只让他穿一只袖子……谁折腾的花样多，谁就被认为最有本事。这一关，新郎的父母不出面劝解，他便不能过。

迎亲时，女方村里几乎处处设卡，步步为关。新郎要一一付过喜钱，才能通过这最后的过路关。迎过亲，新人回到新郎家，人们纷纷向新人撒麦粒和硬币，新郎的母亲在一位老太太的陪同下，向新人各赠一杯喜酒，叫做过门的礼仪。这时，新郎新娘才算正式结为夫妻。

韩国的"两点"新娘

在韩国，新郎会穿上大礼服，新娘的嫁衣则是七彩的丝织服，配以长袖子和黑丝顶冠。新娘化妆时会在脸颊上点两个红点，有抵抗邪灵的意思。

阿富汗人"镜花缘"

韩国的"两点"新娘

我国清朝有部长篇小说《镜花缘》，该书描写了11个才女和她们的婚姻故事。事有凑巧，在我们的近邻阿富汗也有镜子与婚姻有关的习俗。

在阿富汗首都喀布尔，情侣在婚前是不见面的，更不能形影不离地谈情说爱。他们初次见面是婚礼的当天，而且还不能直视。结婚典礼时，新人的面前放一面镜子。新娘坐定，便迫不及待地转动镜子角度，看将要和自己结为终身伴侣的姿容。这时，新郎还要对着镜中的情人读一段《古兰经》，然后再把糖递给新娘。待新娘双手郑重地接过这象征生活甜蜜的糖果时，宾朋们便伴着音乐的节奏翩翩起舞，新郎新娘也可以参加。直到这时候，新人才可以仔细端详对方。

布须曼人"一箭定终身"

在西方文学作品里，有用箭射穿心形图案来表达爱情的描写。非洲基拉哈利亚的布须曼人也用射箭表达爱情，而且是用箭射真人，一箭定终身。

如果一个布须曼小伙子爱上一位姑娘，他便拉开弓，瞄准这位意中人，箭头射进姑娘臀部的肌肉。姑娘拔出箭，如果折断，便表示拒绝，婚姻便告吹；姑娘如果不把箭折断，意味着她同意，小伙子就可以准备婚礼了。

不用担心箭射进肉里会发生意外，因为这是特制的弓箭。小弓是羚羊骨做的，箭是用一种韧秆做的。而且，是情人射的，姑娘当然不会感到疼痛。

俄罗斯人的"叫苦不迭"、"岁岁平安"

俄罗斯婚宴上会有人大喊"苦啊！苦啊！"每当有人带头喊时，在场的所有人便会齐声附和，这时新人便会站起来，当众深情地一吻。没过几分钟，又会有人大声叫"苦"，新郎新娘便又站起来，再次用甜蜜的吻来

洋溢着幸福的俄罗斯夫妇

平息亲友们的叫"苦"声……这样的"程序"在婚宴上至少要重复十几次亲友们才会罢休。原来，按照俄罗斯人的说法，酒是苦的，不好喝，应该用新人的吻把它变甜。

"岁岁平安"是俄罗斯婚礼最特别的地方，就是在说完贺辞，干杯后把玻璃杯抛向天花板，环璃杯摔成碎片，象征一对新人将有美满的婚姻，这就有"岁岁（碎碎）平安"的意思。另外，从新人在花车车头上的装饰可知道他们期望第一个婴儿是男还是女，若是小熊就代表想生儿子，若是洋囡囡就代表想生女儿。

利比亚的"七步"婚礼

在非洲撒哈拉大沙漠北部的利比亚农村，流行着一种分七步演变的婚礼。

第一步是"涂青日"，这是婚礼的前奏曲。在入洞房的前一周或两周，姑娘家专门请来"涂青婆"把一种青色染料涂在姑娘的下颌处，为姑娘举行"涂青"仪式。青色一经涂上，便一辈子抹不掉了，这实际是利比亚女子已婚和走入社会的标记。

第二步称作"信号之夜"。是在入洞房前五天或前七天进行，意味着从这一天起便正式开始了婚礼。当夜，新郎和新娘及所有的女子都要唱歌跳舞，用舌头打出一长串响亮的嘟噜。其歌词起首两句唱道：这是我们盼望的夜晚，这是我们期待的日子……

第三步是在入洞房前两天进行，称做染甲。当晚，由染甲婆用指甲油给新娘染手和脚，其意义与"涂青"相同。手掌和脚掌染上甲花油，也是终身难以洗掉。不过，现在的年轻姑娘都不时兴"涂青"和"染甲"了，只是把指甲染红而已。

第四步是入洞房前一天进行，称做"灯夜"，或"露容夜"。入夜，由一队青年男女组成的迎亲队伍从新郎家来到新娘家。新娘端坐在一个高台上或楼上栅栏前，面对着一盏盏火光摇曳的喜灯，徐徐除去面纱，让羞涩的娇容和像瀑布一样披散在两肩的青丝显露出来，这是新娘第一次向新郎展露真容。

第五步是入洞房，即"新婚之夜"。这一天，双方家庭正式签订婚约，同时新郎家再一次派出迎亲队伍迎接新娘。入夜，新郎家再举行喜宴款待众宾客。当新娘花轿（现在多为小轿车）缓缓行至新郎家大门口时，都要打破一只鸡蛋。在洞房门口，也须打破一只鸡蛋。利比亚人认为鸡蛋的颜色象征着夫妻和谐和今后的好运，并预示着新郎会多生贵子。

第六步是新婚后第一天清晨，新郎早早起床，仍穿着新婚服到一个专门的房间静静地呆着，不能与父亲和叔伯们会面。中午，新郎家把村里的年轻人请来同新郎共进午餐。凡是前来进餐者大多是单身汉，

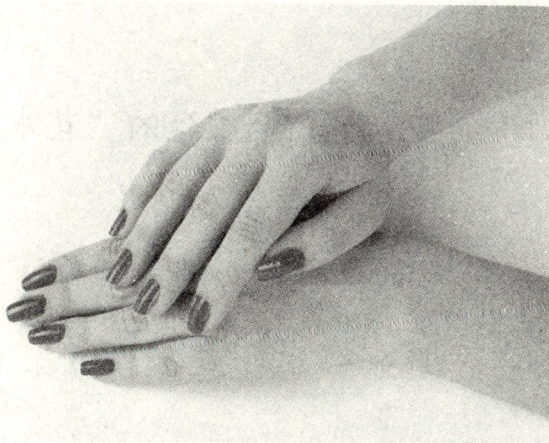

漂亮的"染甲"

这样算参加了"婚伙"团体。新郎接着还要同这群人共进长达一周（有的地方长达一月）的晚餐。这段时间里，伙伴轮流做东。婚伙有自己的临时法律，新郎就是婚伙的苏丹（皇帝）——他在一切方面都享有特权，比如最先洗手，最先吃东西，最大的一块肉要留给他吃等。婚伙聚会始终充满着诙谐热闹的气氛，其话题也大多离不开男女之事，而且还常将新郎新娘的床第生活当作笑资。

第七步是新婚后的第七天，称做周末。这一天，新郎换上了平时的服装，叫做苏丹退位。然后婚伙们拿着鞋子追打新郎，将他逐出洞房。当晚，新郎不能与娇妻同床。而要同婚伙们住在一起，新郎与他的父亲还要进行新人婚后的第一次会面，吻父亲的双手，请求他的宽恕。从此，新郎和新娘才正式开始正常的夫妻生活。

阿拉伯："惨哭"婚礼

在阿拉伯，新娘会穿着装饰华丽的土耳其长袖袍子，手脚则会画上红褐色的格子花纹作为装饰。阿拉伯人会将观礼的嘉宾分男女来接待，观礼的女士会依习俗为新娘出嫁而恸哭。

阿根廷的"花水浴"

在阿根廷一些地区，青年男女在订婚或结婚时，有洗"花水浴"的习俗，所谓"花水浴"，即在入浴前把整篮鲜花撒在水面，洗浴时用花瓣揉搓全身，他们认为水是圣洁的，花是喜庆的，而"花水浴"正可以代表美满和吉祥。

墨西哥婚礼上的盐、酒和面包

传统的墨西哥吉卜赛婚礼，新人被喂以拌了盐的酒和面包。这意味着除非世界上再没有盐、酒和面包，否则，这对夫妇的爱是不会消失的。

秘密进行的丹麦婚礼

让我们感到奇怪的是，筹办婚礼会要好几天，可却是秘密进行的，因为公开筹办会触怒鬼怪或引起他们的嫉妒。在婚庆快要结束的时候，人们把一大坛啤酒抬到院子里。新郎新娘的手握在酒坛上方，然后酒坛被打得粉碎。在场的适婚女子会把碎片捡起来，捡到最大的碎片的女子注定会第一个结婚，而捡到最小的注定会终生不嫁。

印第安："昂贵"的婚姻

印第安人认为珠宝可以抵抗饥饿、疲倦、疾病及厄运，所以新郎及新娘会戴上银贝壳和绿松石等珠宝首饰。在印第安文化里，水象征着洁净及纯正，新娘及新郎会进行洗手仪式，代表把旧日的恋爱和悲伤回忆统统洗掉。还有，印第安人认为东方是代表将来的方向，所以婚礼的所有仪式都要面向东方。

丹麦秘密王室婚礼

不忘圣殿的犹太婚礼

祝福完毕后，新郎以右脚打破酒杯，象征对当年（公元70年）圣殿毁灭的怀念以及提醒人们永远不要忘了当年耶路撒冷圣殿毁灭时的悲伤时刻。但在现代婚礼中，人们则以此风俗来表示人类关系的脆弱、新生活的开始以及摒弃一切偏见和无知。

科威特"洞房格斗"

当新娘新郎进入新房，陪伴人退出后，新郎、新娘跪拜，然后新郎用力拉新娘，以显示自己的威武有力；而新娘也不甘示弱，奋起反击。这种"格斗"越激烈，姑娘家里的人越高兴。新郎如果斗不过新娘，则被认为是奇耻大辱。

韩国"大长今"式婚礼全接触

《大长今》的热播，让人们对于"哈韩"有了新的理解。肥宽的裤子、飘彩的头发不再是"韩流"的灵魂，最让人们动心的还是《大长今》中浓郁的"高丽"文化。影楼里已经开始筹备"长今"式的嫁衣，不如，索性结一个"大长今"式的婚吧！

在入口处，身穿传统礼服的新郎和他的父母站在右侧，新娘的父母站在左侧微笑地迎接来宾。签到后进入举行婚礼的大厅坐下来，正前方立着一座仿照古代建筑建造的房子，里面有间屋子，那是专门为新娘准备的房间。司仪请两家的母亲走到台前点燃蜡烛，随后，新娘的母亲进入准备室和新娘坐在一起，新郎的母亲则回到自己原来的座位上。

这时，新郎骑着高头大马入场（有时候还怀抱着一对鸳鸯）。按照规矩他走到小屋前面，向丈母娘行大礼，丈母娘回礼表示对这门亲事的应允。这时，身穿漂亮传统礼服的新娘将双手举到眉眼处缓缓地走出来，手的上面搭着长抵脚面印有"两姓之合"的白绸缎。新娘漂亮的脸蛋上一左一右两个胭脂印，眉心也印着一个。

韩国

然后，新郎新娘行对礼。新娘先行两个大礼盘腿坐下后，双手叠起，腰向前弯到地面，新郎回一个大礼，旁边的司仪解释说代表阴的最小数字是2，代表阳的最小数字是1，所以新娘行两个礼而新郎回一个礼。

最后，是祝贺公演和宾客代表致贺词。精彩的是"扔母鸡"的节目，两名男子分别站在新郎新娘的旁边一手拎一只母鸡弓腰待命，对面还有两个男士做出准备接鸡的姿势。司仪喊"一、二、三"鸡被扔了出去，对面的两个男士准确接住飞过来的鸡。此时，大家一起喊"新郎新娘多生贵子，百年好合！"在宾客的一阵笑声中，婚礼仪式结束了。

"长今"式的婚礼，并不是时髦的噱头。看完这些戏般的场景，希望我们心中留下的更多的是对传统以及历史的敬重。

印加人的婚姻习俗

实际上，印加帝国的每个人都将结婚，并且在上层社会，一夫多妻制是受人敬重的，因为只有那些得到印加帝国宠爱的人才能够实行一夫多妻制，小妾被作为奖赏赐予那些勇敢的人。

男人所娶的第一个妻子作为"妻子中的首领"，并且保持这种地位直到她去世。她是官方承认的惟一妻子，永远不能被忽略和抛弃，所有的其他妻子则必须听从她的命令。如果她去世了，她的丈夫能再娶一个新的第一夫人，但是不能从他的其他妻子中选择。这个习俗阻止了其他妻子之间为了争做第一夫人而引起的自相残杀。

第二任妻子常常是从前的保姆，她们在他们的成年时代也一直保持着对他们的掌管，在那些孩子父母的授意下教他们体会肉欲的快乐。印加人获得其他妻子的另一种方式是通过在战争中掠夺，战败的部族中的妇女在胜利者的军队中进行分配。继承也成为获得小妾的一种方式，儿子可以继承他已故父亲或者已故兄长的小妾。

在秘鲁时代的早期，孩子很难存活，因为抚养孩子困难重重。妇女要远离人群，在没有任何帮助的情况下独自生下孩子。而且，孩子生下不久，婴儿就被紧紧地裹在襁褓中，放进摇篮，很少被母亲抱在怀里，因为她们认为抱着他们会引起他们太多的哭泣。孩子的胳膊在三个月内，甚至更长的时间都不能解开，因为他们相信解开会使孩子的胳膊变虚弱。印加人注意到动物每天在早、中、晚三个固定的时间喂养它们的后代，他们也沿用了这种方式，每天只喂孩子三次。孩子们常常被独自扔下一整天。这个习俗使得早期秘鲁时代很难养活孩子。

在大约 8 岁的时候，从女孩子中选出一些作为"被选中的女人"。当然，她们必须是处女，并且要保持处女的身份，如果她们打破规则将遭到可怕的惩罚。这些"被选中的女人"退隐到从太阳神庙分离出来的一个修道院中，但是她们所有人必须有皇室血统。这些隐居的女孩被许多也是处女的非皇室女孩照看，那些女孩作为侍女服侍她们。每隔三年，印加帝国将从这些隐居的女孩中选出四个或五个做太阳神的新娘，这些女孩在一生中都将保持处女的身份。她们纺纱、织布，偶尔也将作为节日的祭品。而其他的女孩将被在得宠的那些男人中进行分配，她们将成为他们的妻子，随后又会有新的一批小处女代替她们进入修道院。

巴基斯坦的新娘不能笑

巴基斯坦的婚礼通常在新娘家举行，但现代的婚礼已经不那么严格了。与其他一些伊斯兰国家一样，巴基斯坦新娘要在婚礼的前 5 天进行一次正式的沐浴。沐浴之后，由女性至亲好友为其梳妆打扮，并在手上和脚上染指甲花

待嫁的巴基斯坦新娘

油。她们还用一种特制的褐色树脂油在手背、手腕和脚背、脚腕上绘出美丽的花纹，来表达自己喜悦的心情，涂料是天然的，花纹可以洗去。

婚礼上，新娘越哀愁越好。

傍晚时分，宾客陆续入座，一边攀谈一边欣赏小舞台上动人的歌舞演出，来宾如果有意粉墨登场，也可趁着这个机会一展歌喉或舞姿。在婚礼这样的场合"献艺"被看作是对主人的尊重和对新人的祝福，主人会很高兴的。

月上中天，新人开始与宾客见面。先是盛装的新娘在自己亲姐妹的搀扶下围着新家绕3圈，这意味着从今往后她将成为这个家庭的一员。

一名走秀的巴基斯坦新娘

接着，新郎新娘坐在小舞台上用鲜花和树枝编织成的"秋千椅"里，每一位来宾都要走到新人面前送上自己的温馨祝福。按照巴基斯坦的风俗习惯，新娘在整个婚礼中即使心里充满喜悦，脸上也必须表现出哀愁的样子，而且愁容越重越会受到人们的尊重，这是为了表现新娘对自己娘家人恋恋不舍的心情。

婚礼上还有一个保留节目：新婚男女在接受完所有来宾的祝福后必须同喝一杯"结发酒"，然后用全身力气把酒杯摔碎，碎片越小越好，意味着夫妻生活会越和谐圆满——此时新郎的兄弟向新婚夫妇抛撒花瓣，客人们会齐声欢呼："祝你们幸福！"新郎的父母会小心地拾起碎片赠送给自己的儿子儿媳，有的夫妻一直珍藏着这些"爱的证物"直到去世。

至今巴基斯坦青年男女的婚姻绝大多数仍由父母包办，但那些受过教育的家庭会允许年轻人在长辈的陪伴下相互见上一面，并且拥有"否决权"。自由恋爱而终成眷属的婚姻近年来也开始多起来了。

土耳其——浴池里的新娘

土耳其浴早期是男女分开洗，后来演变成今天的男女共浴。如果到土耳其旅游，在当地人光顾的洗浴中心里能看到男女共浴。洗浴时，人们多半赤裸上身，下身围一块浴巾。在土耳其人眼中，土耳其浴池是真主的圣地，在真主的圣地清洗身体是没有任何顾忌和邪念的。

土耳其浴对土耳其人来说，不仅仅是清洁皮肤的地方，还与人们的日常生活密切相关，有时婚姻大事也在浴池里决定。

原来，信奉伊斯兰教的土耳其女子平时除了用头巾包住头和脸部外，还穿着厚实的长袍，外人无法看清女子的长相和身材，这样一来，土耳其浴室就成了未来婆婆挑选儿媳的重要场

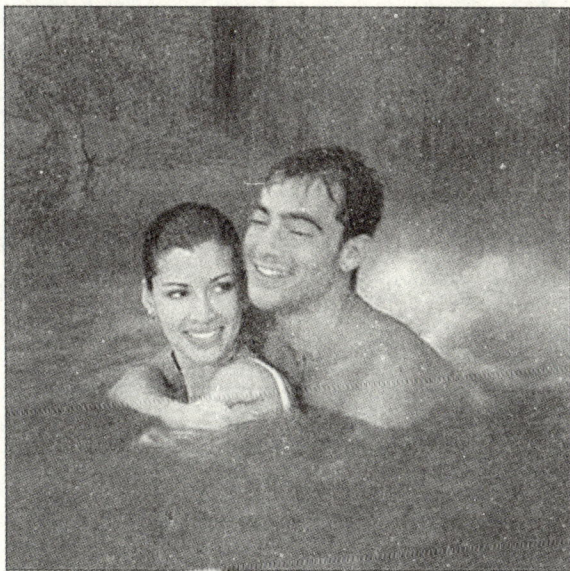

男女共浴的土耳其人

所。一般来说，未来婆婆在媒人的陪同下邀请未来儿媳一同沐浴。在浴室里，未来婆婆不仅要看儿媳的长相和身材，还要看她的骨盆，骨盆大的女子才能给家里带来多子多福的好运。另外，未来儿媳的体味如何，有没有狐臭也是考察的重点。由于土耳其人的饮食以奶酪和肉食为主，体味重在所难免，有狐臭的女子被认为是不吉利的，人们认为那是真主惩罚她的缘故。

现在社会开放，土耳其男女多是自由恋爱，未来婆婆到浴室里选新娘的做法多见于偏远地区的乡村。但结婚时的"新娘浴"仪式依然保留着，并已成为土耳其人迎娶新娘的必要程序。

新娘第一天嫁到丈夫家时，要到土耳其浴室洗浴。男方家要为新娘准备 15～20 件洗浴后穿戴用的新衣新裤、新鞋新袜及金银首饰。新娘带着这些男方家赠送的礼物进入浴室，沐浴后穿戴着这些回到男方家。孩子出生后的第 40 天，妈妈要带着孩子洗土耳其浴，一边吃东西一边欣赏浴室乐队的演奏，并替孩子祝福，或许下自己的心愿。

日本——新娘越美丈夫越苦

以前，在日本的一些贫穷农村里，漂亮的姑娘大多嫁到外村，同村的小伙子只能"望洋兴叹"，因此，他们对来迎娶的新郎心怀"恨意"，便想办法进行报复。

松之山町是日本新泻县的一个普通小镇，既没有招揽游人的旖旎风光，也没有可开发的悠久历史资源，但是，每年 1 月 15 日小镇举行的"奇祭"活动却吸引了众多游人。

"奇祭"的主要活动是"抛新郎"，每年举行一次，已经有 300 多年的历史。据说，这项活动源于"抢婚"风俗。古时，村子里的漂亮姑娘少，她们不接受同村小伙子的爱意，青睐外村人。这不仅使同村小伙子的自尊

心受到伤害，而且产生
了"肥水流到外人田"
的不平衡心理。于是，
每当新郎来迎娶新娘
时，新娘村里的年轻小
伙子便合伙把新郎抢
走，抛下山坡，以解心
头之恨。后来，这种行
为逐渐演变成为日本的

举行"奇祭"活动会场

一个婚俗，表示新娘有魅力，深受同村年轻人喜爱。如果新郎经不起"折
磨"，反而会令新娘家脸上无光。而且，新娘越漂亮，新郎被抛得就越高。

　　现在，人们结婚时已经没有这样的仪式，只是每年选出一对新婚夫妇
作为代表，象征性地举行一下罢了。

　　下午2时，随着一阵雨点般急促的鼓声，"抛新郎"活动开始了。首
先，由一位老者宣读活动的缘由和仪式的内容，然后请出主角——去年9
月结婚的34岁的高桥伸幸。接着，几个年轻小伙子冲上来，你抓我扯，在
观众的喝彩声和掌声中把高桥高高举起，一边"嗬哟嗬哟"地喊，一边将
他抬到小寺庙前祷告。饮用祭酒后，小伙子们抬着高桥来回奔跑。观众一
边喊一边打拍子，既紧
张又兴奋地追着他们。
小伙子们跑了3圈后，
突然冲上一个十多米高
的斜坡，将高桥抛了下
去。在一旁观看的新娘
不禁失声尖叫。幸好坡
下厚厚的积雪松软如被，
高桥一头扎进雪里，却
无大碍。新娘赶紧跑过

松之山町

去，手忙脚乱地将高桥从雪里挖出来。这时，高桥已经成了一个雪人，围观的人大笑不止。

过新年时，日本家家户户都要在门上装饰松枝和稻草绳，就像中国人贴春联和年画一样。节后，这些装饰也不能随便丢弃，大多要集中在神庙里焚烧，以祈求消灾。

在松之山町，人们抛完新郎后，就要把自家的稻草绳等新年装饰品烧掉。一家拿一点，集腋成裘，不一会儿就堆成了一个5米来高的草堆。一位身穿传统服装的老者带领村里人祷告一番，然后请高桥夫妇为草堆点火。

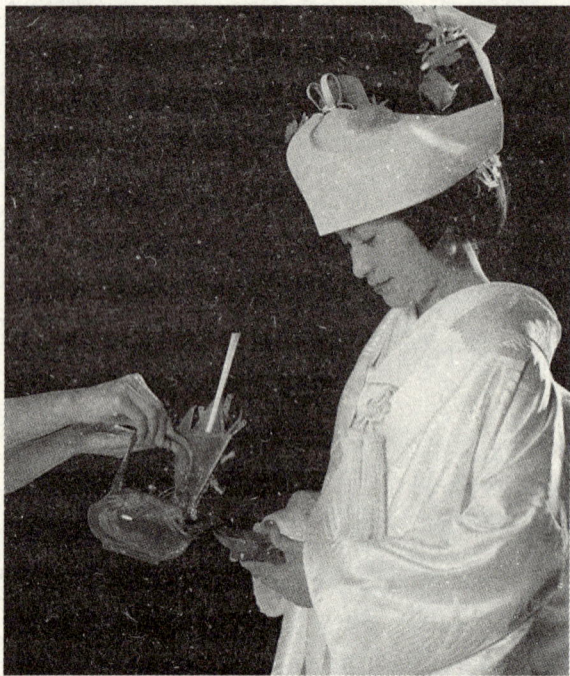

点火时，采用原始的方法——击石取火。两块打火石迸出的火花被认为是"爱的闪光"，点燃的草堆熊熊燃烧，象征日后夫妻生活幸福美满。如果久未引燃，则视为不吉祥。高桥夫妇很幸运，草堆很快就被点燃了。此时，人群像开了锅的水一样沸腾起来。有的人抓起燃尽的火灰，混合着地上的积雪，趁人不备往对方的脸上和身上抹去。被涂抹的人发出尖叫，涂

身穿和服的日本新娘

抹的人则哈哈大笑。这就是当地特有的"抹烟灰"习俗。偷袭成功的人可以享受放肆的快乐，而被涂抹的人也不生气，认为这表示自己人缘好，今年会有好运气。

火堆逐渐熄灭，人们却越来越兴奋。孩子们在人群中嬉戏打闹。成年

人，不论是老人还是妇女，认识的还是不认识的，都想把对方抹黑。不一会儿，参加活动的人个个都变得面目全非，像黑脸张飞。

花样百出的加拿大婚俗

加拿大是个多民族的国家，有英裔、法裔、印第安人、爱斯基摩人、华人及各国移民。这些民族都具有自己的传统习惯和风俗，在婚礼上也是如此，从而使加拿大成为一个有着多姿多彩婚礼习俗的国家。

购物

加拿大的英裔居民和法裔居民大多信奉天主教或基督教，他们的婚礼习俗同西方信基督教的国家有很多相似之处。大多数加拿大青年对婚礼非常重视，他们总是力求将婚礼办得隆重热烈、富有纪念意义，通常在婚礼前几个月甚至一年时间便开始有关的准备工作。近些年来，加拿大各级政府部门在全国各地建立起结婚咨询机构网络，准备办喜事的男女可以到商场、饭店、旅馆甚至市政厅等处进行新婚购物咨询，这种咨询服务是免费的。如果咨询者感到满意，可以在导购小姐的带领下当场选购物品，并配有免费送货上门的服务。各地每年还要举行结婚用品展销会，届时热闹非凡。

彩车

加拿大青年男女喜欢在5月到9月这段时间举行婚礼，尤其爱在7月份喜结良缘，而且婚礼仪式多选在星期六这一天。在这期间，每逢周末，加拿大城乡教堂从早到晚传出悦耳的《婚礼进行曲》，新郎新娘乘坐的彩车队徐徐行驶，围观的人们报以热烈的掌声和欢笑声，相遇的车辆鸣喇叭表示祝贺，各地都沉浸在喜气洋洋的气氛之中。

婚礼仪式在教堂里举行，仪式内容同西方许多国家大体相似。其中，

加拿大新婚夫妇相互赠送的戒指内侧刻着各自姓名的缩写字母和结婚日期，双方视为珍品而留作永久的纪念。教堂仪式结束，新婚夫妇要乘坐装扮得花枝招展的彩车沿着繁华地区走一圈，随后到风景秀丽的公园或名胜游览地拍摄新婚合影照片。

加拿大人的新婚宴会一般都选在晚上举行，先是非正式的酒会，接着是正式的冷餐和热餐，气氛热烈，场面隆重。

酋长

加拿大印第安人的婚礼带有浓厚的民族色彩。婚礼地点多选择在印第安人聚居区的公共建筑物，一般是一幢较大的木头房屋。举行婚礼时，亲朋好友、左邻右舍、村中居民纷纷来到木房里，众人席地而坐，互致问候。男女老幼身穿民族服装，款式新颖，色彩艳丽。虽然印第安人性情开朗，但婚礼场合却显得非常安静，即使说话也是轻言细语。

婚礼的主持人是酋长和两位长老，当他们来到现场时，全场的人向他们致礼表示敬意。酋长身着民族服装，头上象征权威的高高的羽毛格外醒目。酋长在大厅中央坐定，两位长老分坐酋长左右，他们是当地年岁最大的人，灰白色头发结成长辫垂在肩上。新郎新娘身着白色的鹿皮传统服装，跪坐在酋长对面。成年男子围坐在酋长、长老、新郎新娘周围，妇女和儿童围坐在男人的外围，每人面前放着刀叉和盘碗。

仪式开始，酋长面向空中，高举双手，全场鸦雀无声。他点燃艾草，随着一股伴有浓香的青烟升起，酋长用民族语言向神明祈祷，为新婚夫妇祝福。酋长说完，由左右两边的长老边说边唱，歌声豪放粗犷。祈祷完毕，酋长从身上取下一根长管烟枪，在艾草上点燃，再将烟枪平举在胸前，自左而右地转一圈，放进嘴里吸几口。随后，将烟枪交给左边的长老，这位长老照酋长的样子做一遍后交给右边的长老，接着传给新郎、新娘、客人们。按照印第安人的传统风俗，烟枪象征和平，吸烟表示友好。当在场的每一个人都吸过烟后，4位年轻人抬来一大桶汤羹，新郎新娘先为酋长和长老每人盛一碗，酋长接着将汤羹分盛在五六个小桶里，再由人分给在场的每一个人。

根据印第安人的传统习惯，新郎婚前要设法猎获一头麋鹿，用鹿肉加野米熬成汤，婚礼上分给大家喝。喜宴结束，酋长和长老离去，人们来到一块空地上，随着欢快的鼓声，通宵达旦跳传统的印第安太阳舞。

抢亲

居住在加拿大北部的爱斯基摩人，至今流行着"抢亲"的古老习俗。爱斯基摩人注重诚挚的感情，不讲究结婚的形式。一对男女青年产生恋情，发展到一定程度，男方给女方家盖一幢房子或者送给女方一套能够御寒的衣服，女方家庭成员住进房子或者女方穿上衣服，就算相互间的婚姻关系确定了。

爱斯基摩人的婚礼日期多选在隆冬季节，因为这段时间大雪封门，无法外出捕鱼或打猎。举行婚礼的那天，男子偷偷隐藏在女方家附近，一旦有机会，便将姑娘"抢走"。姑娘自然知道小伙子在门外挨冻，为了考验他是否忠诚，故意深居内室，让他难于"抢"到手。聪明的小伙子，总是用计谋将姑娘引出家门，达到"抢"人的目的。如果婚礼选在夏天，小伙子可以钻进女家，扯着姑娘往外跑，姑娘佯装不从，家人视而不见，最后姑娘的喊叫声慢慢消失在远方。

爱斯基摩人婚礼异常简朴，新郎新娘叩拜家族长老、父母兄弟、亲朋好友等，大伙吃一顿鱼肉饭、喝一碗鱼汤，纵情跳一阵舞，婚礼宣告结束，客人各自离去。

印度东部流行抢新郎

在印度东部的比哈尔邦，每年都有成千上万的单身汉被"劫持"，两至三个星期后他们便被迫成婚。为逃避这种暴力婚姻，一些富家单身汉都雇起了保镖，并在每年的结婚黄金期逃离住地；那些因工作出不了远门的，上班时也要三五人结伴同行。

准备抢新郎的新娘们

官员、医生、教师容易被抢

比哈尔邦是印度最贫困的地区之一，父母都是千方百计送自己的儿子到别的邦去谋生，女孩子却不能出邦，结果造成男女青年比例严重失衡（女青年至少是男青年的 2 倍），因此姑娘的新郎通常都是抢来的。

姑娘的父母先物色好了"女婿"，官员、医生、教师和生意人都是最热门的人选。等挑选好新郎后，娘家派出 5 至 6 个劫持者去抢。一般而言，新郎都是在公共汽车和郊区火车上以及商场里被劫持的。

大婚时候还要用刑

准新郎被迫同意婚事后，就要举行热闹的婚礼。婚礼上，新郎官被一条漂亮的铁链锁在墙上的一副铁环上，免得他在举行婚礼的过程中玩出别的花样来。

在举行婚礼的整个过程中，还得保证新娘方有一名亲戚始终站在新郎官的身旁，只要新郎官脸上出现苦笑表情或收回自己的承诺，就有一根削得尖尖的小棍狠狠地戳他的腰身。

一般来说，仪式结束后心满意足的新娘父母便让新人坐上汽车，送他们到新郎的家。此时生米已经煮成熟饭，严格的宗教和种姓制度逼得新郎父母也只好接受这桩婚事。

法律对此无力

国际人权组织曾试图对比哈尔邦的这种婚姻状况进行干预，但没有任何收效。原因是，这里的每一个大地主或官员都有自己的武装，有的还有一支部队，所以法律永远都站在他们一方。要到法院去告吗？状子送上去后根本没人管，即使是开庭审理，可怜的新郎也往往是败诉。

还有一件有意思的事情：去年比哈尔邦首府一个木婚小伙子试图成立一个"新郎反对暴力"协会组织，他因此引起了别人

比哈尔邦新娘展示漂亮的手饰及彩绘

的注意，后来更被人从哈尔邦首府法院的大门口劫走，一个星期后，他的王老五生涯便宣告结束。

目前，比哈尔邦一些比较聪明的男青年想出了逃避抢婚的办法，就是到 15 岁左右随便娶个认识的姑娘为妻。这对男青年来说显然不是上策，但是劫持者给找的准新娘可能更糟糕，而且根本没有选择的余地。

撒哈拉的新娘

美丽的新娘静静地端坐着，接受她 15 年以来从未有过的关注，这一刻，她不再需要担心妈妈的羊群和淘气的小弟弟，这一刻，她是撒哈拉最美丽的新娘……

15 岁的爱沙拉玛垂首低眉坐在那儿，头发被编成了复杂的小辫。她的亲戚和手工艺人们围绕着她，在婚礼前的最后一刻确认她的每一根发丝都无丝毫的杂乱。她的喜娘，一位被认为拥有魔力的银匠，把头油———一种黑沙，擦在爱沙拉玛的头上。这一切对 15 岁的爱沙拉玛来说，是那么的新鲜，作为一名普通的爱瑞葛少女，她的大部分时间是在照顾妈妈的羊群和家中淘气的小弟弟。一个月前普通的一天，与堂兄穆罕默德的相遇改变了这一切。25 岁的穆罕默德刚从利比亚回到故乡，为了还上旱灾和战争期间所欠下的债，他在利比亚一呆就是 5 年。在返乡的路上，他遇到了在族里的公井旁打水的爱沙拉玛，出落得亭亭玉立的她立刻就吸引了这位游子的视线，"从那一刻起，我知道我必会娶她！"

没有一分钟的耽搁，穆罕默德立刻向爱沙拉玛求婚，得到姑娘的首肯后，他拜会了爱沙拉玛的双亲。在取得长辈的同意后，婚事终于可以筹备了。

依照爱瑞葛族的传统，结婚仪式在附近的一座清真寺举行，只有双方的父母参加，新郎和新娘并不出席。仪式的几天后，欢迎客人的鼓敲响了，盛大的庆祝活动拉开了帷幕。

满身香气的妇女们在婚礼前的一秒中做最后的打扮，在脸上涂上装饰的红粉——爱卡薇。在接下来的一个星期里，她们将和其他大约 500 位参加婚礼的客人一起，尽情欢笑，观看骆驼赛跑、匠人歌唱，在撒哈拉的星空下，品尝美味的烤肉。

撒哈拉大沙漠

新郎的朋友帮穆罕默德戴上"泰葛玛沙特"——爱瑞葛族男人庆典上戴的面纱。它的材料是沙漠商队从尼日利亚带来的，用靛青染色后，做成蓝布，这种布曾为英勇的撒哈拉战士赢得了"沙漠蓝人"的美名。戴着泰葛玛沙特的穆罕默德，只露出双眼，看上去是个典型的爱瑞葛族人了。出于尊重，男人们很少在他人面前打开他们的面纱。他们相信，将鼻和嘴遮住，可以远离恶神"基"。

作为纯洁和生育的象征，也是为了防止恶神"基"的侵害，在新郎的朋友和家人的注视下，汉娜——族里的手工艺人把新郎穆罕默德的手脚抹上泥，用塑料布包起来，用棕树叶绑好，2～3 小时后拆除，他的四肢皮肤呈红棕色。这种保护可持续数月。

爱瑞葛族的女人们则担当起了搭建婚礼帐篷的工作，他们为爱沙拉玛和穆罕默德建起了"爱捍"。妇女们每天要负责它的拆与搭，"爱捍"是婚庆的舞台，它本身也是婚礼的一部分。

在由棕榈叶和阿尔及利亚的羊毛毯搭成的帐篷下，爱沙拉玛白布裹身躺在榻上，最亲近的好友陪伴着她。在接下来的一个星期里，除了她的丈夫，她最好的朋友、母亲和喜娘外，爱沙拉玛不会向其他的外人露出芳容或开口说话。按照爱瑞葛族的风俗新娘必须有人陪伴，以免妒神伤害她。

每天晚上，爱沙拉玛和穆罕默德单独在一起，但在太阳升起的时候，新郎将离开。

撒哈拉新娘

庆典结束，当参加婚礼的客人返回他们各自的帐篷后，穆罕默德将跟随爱沙拉玛回到她的家，和她的家人共度他们新婚的第一年。在此期间，他需尽可能地表现对新娘双亲的敬重，努力干活，赢得他们的接纳。

一年后，表现良好的穆罕默德得以带着他的新娘回到他自己的帐篷。在未来的岁月里，爱沙拉玛将像普通的爱瑞葛族妇女一样，肩负起捣米、抚养孩子、照顾羊群的责任。她的丈夫也许会有自己的骆驼商队，在穿越一望无际的沙海时，回望他的爱人。

非洲新娘为美切腹诱惑丈夫

在非洲隆重的婚礼上，新娘往往要接受一番非同寻常的美容洗礼才能与新郎携手走入婚姻那神圣的殿堂。有些美容术似乎不可思议但却流传至今，广为当地人所喜爱和崇拜。

切腹美容

位于埃塞俄比亚腹地的卡洛族是一个非常小的民族，在物质财富方面也非常贫穷。卡洛族女子为了找到一个好人家，要在自己身体上下很大赌注。她们在进入青春期后，时常要忍受剧痛，在前身和腹部做一些手术——用刀片在皮肤上切割出一些口子，而后把大量竹签插进伤口，并使它们呈现一定的图案。这样，等伤口痊愈后，经过精心制作的图案便会保留在她们的前胸和肚皮上，据卡洛族的男子说，这样做后，对男人们具有很大的诱惑力。

全身美容

　　斯瓦希里族居住在肯尼亚的拉莫地区。在斯瓦希里族的婚礼进行过程中常常充满了各种繁琐的礼仪，似乎是要为其婚前受的禁锢来一次反拨，其中的不少项目都是为了把新娘打扮得优美、性感。新娘在出嫁的前几天，她的身体须经受一连串的婚前处理。首先，除头发外，脖子以下身体各部位的体毛被刮得干干净净；然后，在新娘的身上经过按摩后被抹上可可油和取自檀香木的香水；新娘的四肢也要在指甲花汁液中浸一浸，接着由女亲戚往她的身上画一些花纹。

　　出嫁那天，一位被称作"索莫"（婚礼中必不可少的一个角色）的老女人负责向新娘传授"美容之道"，以及让男人快活的方法。新婚之夜，索莫往往还会躲在新郎新娘的婚床下，以便在床上新人遇到什

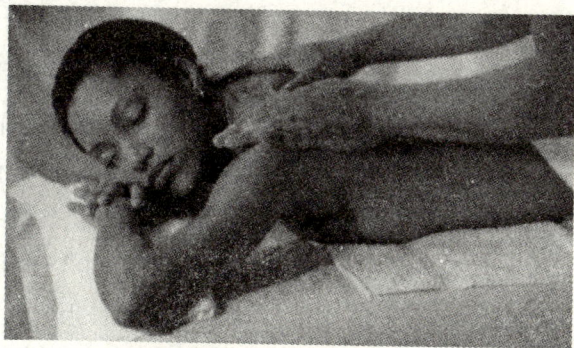

正在享受全身美容的斯瓦希里族的新娘

么难题时，帮助他们顺利完成最初的夫妻生活。

馨香美容

　　居住在纳米比亚的希姆巴族姑娘在出嫁前，要用红赭石、奶油脂、香草和树脂合成一种香料，并亲手把它们涂在自己身上。它们色彩鲜明，而

红色在其中尤为突出，象征着新娘婚后有极强的生命力和生殖能力。在婚礼上，新娘子身穿一身新做的衣服，上面洒满了香水和橘子水等果汁。

到了丈夫家后，新娘按照族中惯例，要让新娘的家人在胳膊、乳房和肚皮上涂上取自新郎家奶牛身上的奶油脂。这一仪式即是新娘走入洞房前对其身体美化的继续，也象征着新郎家的人已经完全接纳了这位被"抢"来的新娘。

越南人选新娘之谜

越南的少数民族达奥人，生活在越南北部海拔 1500 米的地方，因为平日爱穿蓝色的衣裙，人们习惯称他们"蓝衣人"；又因为他们居住的地势比较高，还有人叫他们"云彩上的居民"。

达奥人有个"情人市场"，吸引许多来自各村寨的青年男女，他们大多未婚。按照达奥人的习俗，姑娘年满 15 岁就要出嫁。如果姑娘过了这个年纪还没有找到婆家，只能说明她没本事，或者说她长得不漂亮，连姑娘的家里人也跟着丢面子，在乡亲中矮人半截。所以，达奥姑娘都希望自己能在 15 岁时找到如意郎君。而"情人市场"就给她们提供了机会。

到了星期六的晚上，正是"情人市场"开市的时候。夜色里，男男女女聚到一起，先是互相打量，然后聊聊天，觉得中意后，很快就坠入爱河。有的甚至缠绵到天亮。不过，这样只能说八字刚刚有了一撇，到底能不能结婚还得过家长那一关。看中姑娘的男孩必须请自己的父母去女方家提亲。结婚在达奥人眼里不是件马虎的事儿，礼数绝对不能少。双方家长必须先就彩礼的问题进行谈判。彩礼大多以牲畜来计算，也有用现金的。只有把彩礼的事谈妥了，婚事才算成功。如果彩礼的事情谈崩了，无论两个男女青年多么情投意合也成就不了姻缘。

除了星期六，星期天也是不寻常的日子。星期天达奥人都不干活，他们换上节日盛装，背着竹背篓去赶集。在沙坝东边不远处一个叫巴哈的地方，每个周日都有热闹的集市。成群结队的达奥人赶往那里，片刻就汇成一个五颜六色的海洋。他们在集市既可以出售自家的农副产品和牲畜，买回烟草、马匹、农具和烧酒，还可以会会亲戚和朋友。

达奥人居住的地区距离中越边境不远。人们从河内出发，乘 12 个多小时的火车到达沙坝，下了火车再沿着陡峭的山路攀登，不久，就能看到一层层梯田由下而上延伸着，新插秧的稻田像一面面镜子映着蓝

"情人市场"中的女子

天白云，一座座大山被雕琢得瑰丽多姿，到处都是翡翠般的颜色。达奥人就生活在这如诗如画的世界里。

达奥人身材不高，长得精瘦，身上总背着竹背篓。那是他们的"宝贝"，下地干活背着，赶集买东西背着，探亲访友也背着。竹篓里不仅放东西，还装小孩，达奥人就是在竹背篓里长大的。达奥人以种植水稻为生，漫山遍野都是梯田。梯田走势高，在灌溉上颇费心思。于是，达奥人就地取材，把山上的竹子砍下来，接成输送山泉的"管子"，通过竹管子把泉水直接引到稻田里灌溉。

达奥男人虽然是壮劳力，可女人干的活儿一点不比他们少，带孩子、做农活、背重物、放养牲畜，到处都能看见头裹花巾、身系花兜兜、耳戴大银环、足蹬茅草鞋、婀娜多姿的达奥女人。她们心灵手巧，不仅自己缝制衣裙，连项链也是自己做的。达奥女人爱美，可是因为炎热的天气和辛勤的劳作，她们大都显得疲惫苍老，脸上早早地出现了皱纹，从外表上看很难猜出她们的实际年龄。

白天，女人们辛勤劳作，夜幕降临，世界成了女人的天下。她们戴上

小红帽，集中到村寨的广场上，尽情地唱歌跳舞，放松身心。

美丽的达奥新娘和她的伴娘们

第三章　不容触犯的各国禁忌

缅甸：不要随便摸小孩子的头

缅甸人笃信佛教，参拜寺院宝塔必须脱鞋赤脚进入，以表示对佛祖的尊敬。缅甸人视摸头为一件不礼貌的事，因此不要随便摸小孩子的头。同为中南半岛上的老挝，也有类似忌讳；老挝人深信头部为精灵寄宿的地方，所以绝对不能触摸他们的头部。

泰国：绝对禁止僧侣接触女性

泰国也是佛教盛行的国家，法律中有许多保障宗教的条文，故而不要对佛像不敬。由于僧侣必须恪遵小乘佛教教义，绝对禁止接触女性或被女性触摸，女性游客在公共场合亦应避免碰触僧侣。

马来西亚：不可以食指指人

以食指指人是一件不礼貌的行为，最好以拇指代替，触摸小孩子的头也是不礼貌的行为。

印尼人：不喜欢随便被人拍照

对岛国印尼而言，少数民族认为照相或闪光灯是摄人灵魂的器具，拍照前最好能先询问当地人。

匈牙利：新年的餐桌上不摆禽类

匈牙利人新年的餐桌上不许摆放禽类制作的菜肴。当地人认为如果那样的话，幸运会随禽类飞走。

印度：不可侵犯牛

有"牛的王国"之称的印度，牛是神圣不可侵犯的动物，路上驾车千万不要撞到牛，更不能配戴牛制品进入庙宇，最好也能尽量避免以牛为摄影对象。印度还有一项特别不同的习惯，回答问题时若将头歪向一边或摇头，那是肯定的表示，可别会错了意。另外，信仰印度教的印度人实行种姓制度，打听当地人的种姓阶级是一项极不礼貌的事。

正在享受美餐的牛

德国：不用刀子切割马铃薯

德国人吃起马铃薯来简直是不厌其多。吃马铃薯的时候，切莫以刀子切割着吃。正式的吃法是以刀叉的背面压碎着吃。

挪威：与人谈话保持一定距离

挪威人讲究守时及与人谈话保持一定距离，拜访或出席家宴，要准备花或糖果送给女主人。出外郊游不要惊吓河鸟（挪威国鸟），普遍视红色为流行色。

意大利：会以貌取人

黑手党横行的意大利，治安恶劣在欧洲数一数二，但意大利民族整体而言性情温和，对稍微违反礼仪的言行也能容忍。另一方面，意大利人会以貌取人，若是衣着光鲜，得到的服务会较好。

荷兰：走楼梯，女性跟在男性的后面

　　荷兰有一个与其他国家不同的习惯，无论爬楼梯或走升降扶梯，女性一般都跟在男性的后面，这并不是不尊重女性，而是荷兰人特有的习惯。

瑞典：性观念并不如色情影带般开放

　　由于瑞典是色情影片的产销国之一，容易让人误会瑞典是个高度性开放的国家。和欧洲各国相同，瑞典人的性观念是基于两性平等的原则，并不是随时随地都可以与任何人发生性关系，因而千万不要对瑞典人有此误解。

康乃馨

法国：不能送康乃馨

在法国，康乃馨被视为不祥的花朵。对法国人什么都可以送，就是不能送康乃馨。你如果对这个风俗不了解，稀里糊涂地买一大把康乃馨送给法国人，保证你有苦头吃，碰到脾气大的不挨揍才怪。

中东地区埃及：禁穿有星星图案的衣服

埃及、阿拉伯诸国对穿着星星图案衣服的人反应强烈，很是不满。原因是政治上的对手以色列国国旗以星星做图案。除了衣服，有星星图案的包装纸也不受欢迎。

沙特：不问家族的事

向他们问太太的近况、嗜好，都在严禁之列，理由是不能对别人的太太抱任何兴趣或好奇。还有，穷究他们家族的种种，会被认为是有意探查"隐私"，无礼至极。沙特阿拉伯人把家族视为财产之一，追问家族的事就如同在调查别人的私有财产，万万不可。

美洲

大家一向习惯将美洲分成两部分：北美与中南美。以美、加、墨三个国家组成的北美，旅游时美国最忌讳谈论种族肤色问题。

中南美洲也是古文明的发祥地之一，而中美地区因国家众多、战事不断，加上毒枭肆虐，部分国家的旅游安全值得留意。海地因穷人较多，如不收敛骄傲的态度，则易生意外。

哥伦比亚人对生命的重视程度相当低，人民遵守法律规章的意识也很薄弱。马路上以车辆优先，行人必须十分注意来往车辆。萨尔瓦多的游击队与政府对立的情形由来已久，游客若是头发过长或手足脏污，仪容不整洁，都要小心被宪警怀疑为参加游击队的外国人。

浓香四溢的咖啡

位于南美的巴西，流行利用长途巴士旅行，如果旅途中停车休息而离开车子时，可能发生车内财物遭到抢劫的事件。此外在搭乘长途巴士旅行时，要注意陌生人寄存的物品内容，以免卷入是非。

智利是中南美洲最欧化的国家，当地人喜欢安静，对他人的礼仪服装也相当重视，彼此见面一定互相打招呼，这些都是旅客应该注意的。

土耳其：加糖的咖啡切莫搅拌

土耳其人喜欢浓咖啡，糖也加得很多，但绝不搅拌，他们没有使糖融于咖啡的习惯。

视镜头如枪口

非洲人普遍认为相机对准某物，拍下镜头，某物的"精气"就给吸收殆尽，此事自是非同小可。因此，人、房屋、家畜一律不准拍摄。

观光客如想拍摄，之前最好向对方打个招呼，获得同意之后再行动，以免被投石、被吊或挨一顿揍。

埃塞俄比亚：莫瞪眼看对方

古时候的埃塞俄比亚，侍者是背对主人（或客人）来服务的。

埃塞俄比亚有个迷信，那就是：有人瞪你看时，被瞪看的人不是灾祸必至，就是死神要找上他。

在这个国家，跟当地人交谈或碰面的时候，可不能目不转睛地瞪看对方，这么做，对方一定大感不悦。

阿尔及利亚：用力握手打招呼

阿尔及利亚的文化背景相当混乱，一般人们多不遵守交通规则，做事也常违背契约。然而在与阿尔及利亚人交往时，要用力握手打招呼，如果握得有气无力，会被视为不够礼貌。

上述的旅游禁忌只是各国风俗的摘录，仍有许多地区的习惯要靠旅游者出门前详细阅读资料，才能有更深入的了解。旅游不只是旅游者个人的事，与当地的风土人情都有密切关系；以尊重他人文化的态度入境随俗，不但可以减少旅游困扰，也容易得到人们友善的回应。

一盘鲜虾

奥地利：不喜欢在新年期间食用虾类

奥地利人不喜欢在新年期间食用虾类。因为虾会倒着行走，象征不吉利，若吃了虾，新的一年生意就难以进取。

埃及为何忌讳针

针在我国有许多美好的含义。孟郊的《游子吟》："慈母手中线，游子身上衣。临行密密缝，意恐迟迟归。谁言寸草心，报得三春晖。"母亲千针万线、密密缝"的慈母形象真切感人，千百年来赢得了无数读者强烈的共鸣。针灸作为我国特有的一种民族医疗方法，是祖国医学遗产的一部分，中国成语中还有一个"铁杵磨成针"。总之，针在中国历史文化传承中，代表了一个美好的形象。

针头线脑，真是再普通不过的一样居家用品。然而，就是这个极其普通的针，在埃及却有很大的禁忌。在埃及尤其是农村，千万不能拿针乱打比方，尤其是对女性而言。

不可以对女人说她"瘦得像针似的"

埃及人特别忌讳谈"针"这个字，如果一位妇女被人说成"瘦得像针似的"，那简直是对她莫大的侮辱，会招来对方的斥责和臭骂。

原来，尽管全球女人风靡瘦身时尚，这里却反其道而行之。埃及女性以丰腴为美，他们忌讳称赞女人窈窕。

这也许和埃及人爱吃甜食有关，可能也有遗传的因素，大街上肥胖的妇女非常多，有的人走路都困难，但她们非常骄傲。那些身材苗条的女性似乎有点抬不起头，觉得愧对夫婿。所以，遇到有人把自己比喻成"针"一样细，不惹得她们发火才怪呢！因此，在埃及提到针时要特别小心。

下午3点到5点，借针、买针都是不被欢迎的

在埃及的风俗中，针一直带有几分神秘的色彩。埃及人平时不愿意把

自己的针借给别人，尤其是在下午3点到5点这段时间。在这个时段，说"针"一类的字眼是会遭遇到白眼的，向别人借针使用，更是会遭到冷遇。

有的游客不了解情况，偏偏选在下午上街买针，没有想到的是，就算拿出高于针价十几倍的埃镑也买不到，反而还会遭到店铺老板的白眼。店铺的老板也委屈得不得了，觉得这位顾客让他"触霉头"，所以只有对顾客爱搭不理地发泄自己的不满。一枚小小的针竟然引起这么大的误会，真是许多游客想不到的事情。

非借人家的针时，他会把针插在一张大饼上给你

不过针毕竟是家常物品，有时候还真是非用不可，聪明的埃及人想出了一个折中的好办法。如果这个时段，你非借人家的针不可，那么，他会把针插在埃及特有的圆乎乎的大饼上，然后把大饼递到借针人的面前。借针的人可要千万小心，你只可以接过大饼，千万别碰那根针，更不能当面把针取下来。先收好大饼，事后再背着人把针取出来，是最聪明的做法。

不过这个办法看上去似乎有点像"掩耳盗铃"的手法，怎么看也都有点"多此一举，自欺欺人"的味道。可埃及人就是有这样的忌讳和规矩，俗话说"入乡随俗"，去了那里，还真得注意一下人家的忌讳，别一不小心，犯了人家的忌，招来

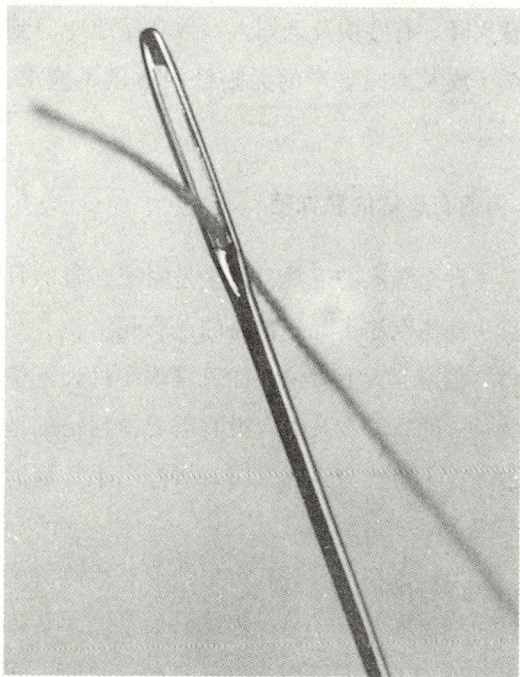

家常物品——针

白眼不说，或许会被臭骂一顿，还丈二和尚摸不着头脑。好在如今我们需要自己动针动线的地方不多，避免一下也还是不困难的。

在埃及，无眼针供不应求

埃及民间流传着很多和针有关的歇后语或者谚语，如："一根针上穿两股线——使不得"，这指的是管事的领导多了反而人浮于事，互相推诿，麻烦多；"上一针，下一针，两针之间躺只母山羊"，指的是裁缝手艺差，针脚粗糙。

不过奇怪得很，在埃及，一种厂家生产的残次品——没有针眼的针很畅销，这种按理应该报废的针有什么特殊用途，而备受埃及人的欢迎呢？

原来，据埃及古老的传说，用一块布把没有针眼的针包起来放在家里，可以避邪。所以，在埃及，这种按常理应当报废的"废品"买卖却生意兴隆。有些埃及老妇人兴致高昂地专门到商店里购买没有针眼的针，以至于埃及本国生产的无眼针根本供不应求，商人们还专门到国外进口无眼针。

为何有这样的忌讳呢

针是缝衣的工具，几乎是家家必备的日常用品，为什么在埃及人的心目中却凭空添了几分神秘的色彩呢？

传说，天上有位神仙总喜欢在每天下午 3 点到 5 点这段时间，到人间溜达一圈，看看凡人有没有需要他帮忙的地方。不过，据说这位神仙脾气古怪，不体恤穷人，谁越有钱他出手赏赐的东西就越多，穷人获得的赏赐却很少。

以前，在埃及只有穷得快没有活路的人才当裁缝，一年到头为别人穿针引线做衣裳。于是，裁缝们为了能多获得神仙的赏赐，每到神仙下凡的时辰就收工，不做活儿也不卖针。其他人知道了，都担心神仙看见自己拿针线，误以为自己是最穷的人而得不到赏赐，干脆也不做针线活了。于是，代代相传，奇特的风俗就这么流传下来了。

受这个风俗的影响，有些埃及人甚至到了晚上也不敢做针线活，农村里有些妇女更是把借针也看作忌讳之事。针甚至有时也成为一些妇女相互对骂的口头语，如果一个妇女被别人骂作针，那她便如同受了奇耻大辱，痛不欲生。

如今，针在埃及人的心目中仍有其独特的、传奇般的地位，对针的忌讳也沿袭下来，成为埃及民间的一个习俗。

韩国风俗与禁忌

风俗

韩国人崇尚儒教，尊重长老，长者进屋时大家都要起立，问他们高寿。和长者谈话时要摘去墨镜。早晨起床和饭后都要向父母问安；父母外出回来，子女都要迎接。吃饭时应先为老人或长辈盛饭上菜，老人动筷后，其他人才能吃。

乘车时，要让座位给老年人。

韩国人见面时的传统礼节是鞠躬，晚辈、下级走路时遇到长辈或上级，应鞠躬、问候，站在一旁，让其先行，以示敬意。男人之间见面打招呼互相鞠躬并握手，握手时或用双手，

正在吃饭的韩国家人

或用左手，并只限于点一次头。鞠躬礼节一般在生意人中不使用。和韩国官员打交道一般可以握手或是轻轻点一下头。

女人一般不与人握手。

在社交集会和宴会中，男女分开进行社交活动，甚至在家里或在餐馆里都是如此。

在韩国，如有人邀请你到家里吃饭或赴宴，你应带小礼品，最好挑选包装好的礼品。席间敬酒时，要用右手拿酒瓶，左手托瓶底，然后鞠躬致祝词，最后再倒酒，且要一连三杯。敬酒人应把自己的酒杯举得低一些，用自己杯子的杯沿去碰对方的杯身。敬完酒后再鞠个躬才能离开。做客时，主人不会让你参观房子的全貌，不要自己到处逛。你要离去时，主人送你到门口，甚至送到门外，然后说再见。

韩国人用双手接礼物，但不会当着客人的面打开。不宜送外国香烟给韩国友人。酒是送韩国男人最好的礼品，但不能送酒给妇女，除非你说清楚这酒是送给她丈夫的。在赠送韩国人礼品时应注意，韩国男性多喜欢酒类、名牌纺织品、领带、打火机、电动剃须刀等。女性喜欢化妆品、提包、手套、围巾类物品和厨房里用的调料。孩子则喜欢食品。如果送钱，应放在信封内。若有拜访必须预先约定。韩国人很重视交往中的接待，宴请一般在饭店或酒吧举行，夫人很少在场。

禁忌

政府规定，韩国公民对国旗、国歌、国花必须敬重。不但电台定时播出国歌，而且影剧院放映演出前也要放国歌，观众须起立。外国人在上述场所如表现过分怠慢，会被认为是对韩国的不敬。

韩国人禁忌颇多。逢年过节相互见面时，不能说不吉利的话，更不能生气、吵架。农历正月头三天不能倒垃圾、扫地，更不能杀鸡宰猪。寒食节忌生火。生肖相克忌婚姻，婚期忌单日。渔民吃鱼不许翻面，因忌讳翻船。忌到别人家里剪指甲。吃饭时忌戴帽子，否则终身受穷。睡觉时忌枕书，否则读书无成。

忌杀正月里生的狗。

与年长者同坐时，坐姿要端正。由于韩国人的餐桌是矮腿小桌，放在地炕上，用餐时，宾主都应席地盘腿而坐。若是在长辈面前应跪坐在自己的脚底板上，无论是谁，绝对不能把双腿伸直或叉开，否则会被认为是不懂礼貌或侮辱人。未征得同意前，不能在上级、长辈面前抽烟，不能向其借火或接火。吃饭时不要随便

醇香的红酒

发出声响，更不许交谈。进入家庭住宅或韩式饭店应脱鞋。在大街上吃东西、在别人面前擤鼻涕，都被认为是粗鲁的。

照相在韩国受到严格限制，军事设施、机场、水库、地铁、国立博物馆以及娱乐场所都是禁照对象，在空中和高层建筑拍照也都在被禁之列。

布须曼人只爱肥臀姑娘

生活在南非的布须曼人与其他非洲人有明显的区别，身材矮小，但比俾格米人略高一些，成年人身高1.2米左右，皮肤呈黄色或黄褐色。并自幼就出现皱纹，头发黑而稀疏，卷成胡椒子状。面部扁平，颧骨突出，鼻

子较宽较扁，前额突出，眼窄，没有耳垂。他们与众不同的是，脊椎骨的下部通常向前形成弯曲形向外突出，因而显得臀部特别大，尤其是布须曼妇女，臀部和大腿特别粗，形成一种特殊的肥臀，布须曼人以臀肥为美，以至青年男子在择偶时一个很重要的条件就是看姑娘臀部到底有多大。

生活在沙漠地带的布须曼人，对少年男女的成年仪式都很重视。少女的成年仪式在初潮后举行，大约需要一个多月的时间，同时要禁食一些食物。在此期间，由一个妇女专门负责她每天的生活。这一个月的时间，就是少女向成年过渡的桥梁，在此期间，她要学习有关成年妇女应懂得和掌握的知识，特别是妇女生理方面的知识。当"禁闭"结束后，她就开始了成年妇女的生活，她已不是孩子，可以考虑结婚问题了。

男孩子稍大一点，就随着大人们开始狩猎了，但仍是孩子，只有当为他举行成人礼之后，他才算一个真正的男子汉，可像成年男子那样做一些事情，在这之前却不能。男孩子成人仪式也需要一个多月的时间，他们由巫师在他们的额头上刺上代表自己部落的特殊标记，但不实行割礼。随后，他们便离开自己的亲人到灌木丛中去过一种隔绝式的独立生活，进行为期一个月的艰苦锻炼以培养他们的勇敢、智慧和团结合作的精神，通过锻炼使他们更加清楚作为一个布须曼男子所要具备的条件和社会责任。同时，他们还要学习本部落的"历史"——口头传说，布须曼人的历史就是这样一代代口头流传而形成的。

一个月以后，少年就成了成年男子，他们一个个高高兴兴地回到家中，开始新的成年人的生活，至此，他们可

正在载歌载舞的布须曼人

以参加成年男子的一切活动。丛林之中的这段生活，给他们在人生道路上奠定了一个坚实的基础，今后无论遇到什么艰难险阻，他们都会不畏困难，勇往直前。这种教育虽然仅有一个月时间，但它的影响将是永恒的。

日本的风俗与禁忌

信仰忌讳

日本人大多数信奉神道和佛教，他们不喜欢紫色，认为紫色是悲伤的色调；最忌讳绿色，认为绿色是不祥之色。还忌讳 3 人一起"合影"，他们认为中间被左右两人夹着，这是不幸的预兆。日本人忌讳荷花，认为荷花是丧花。在探望病人时忌用山茶花及淡黄色、白色的花，日本人不愿接受有菊花或菊花图案的东西或礼物，因为它是皇室家族的标志。日本人喜欢的图案是松、竹、梅、鸭子、乌龟等。

语言禁忌

日本人有不少语言忌讳，如"苦"和"死"，就连谐音的一些词语也在忌讳之列，如数词"4"的发音与死相同，"42"的发音是死的动词形，所以医院一般没有 4 和 42 的房间和病床。用户的电话也忌讳用"42"，监狱一般也没有 4 号囚室。"13"也是忌讳的数字，许多宾馆没有"13"号楼层和"13"号房间，羽田机场也没有"13"号停机坪。在婚礼等喜庆场合，忌说去、归、返、离、破、薄、冷、浅、灭。及重复、再次、破损、断绝等不古和凶兆的语言。商店开业和新店落成时，忌说烟火、倒闭、崩溃、倾斜、流失、衰败及与火相联系的语言。交谈中忌谈人的生理缺陷，不说如大个、矮子、胖墩、秃顶、麻子、瞎、聋、哑巴等字眼，而称残疾人为身体障碍者，称盲人为眼睛不自由者，称聋子为耳朵不自由者等。

白色的花

行为禁忌

日本有纪律社会之称，人们的行为举止受一定规范的制约。在正式社交场合，男女须穿西装、礼服，忌衣冠不整、举止失态和大声喧哗。通信时，信的折叠、邮票的粘贴都有规矩，如寄慰问信忌用双层信封，双层被认为是祸不单行；寄给恋人信件的邮票不能倒贴，否则意味着绝交。日本人在饮食中的忌讳也很多：一般不吃肥肉和猪内脏，也有人不吃羊肉和鸭子；招待客人忌讳将饭盛得过满过多，也不可一勺就盛好一碗；忌讳客人吃饭一碗就够，只吃一碗认为是象征无缘；忌讳用餐过程中整理自己的衣服或用手抚摸、整理头发，因为这是不卫生和不礼貌的举止；日本人使用筷子时忌把筷子放在碗碟上面。在日本，招呼侍者时，得把手臂向上伸，手掌朝下，并摆动手指，侍者就懂了。谈判时，日本人用拇指和食指圈成"O"字形，你若点头同意，日本人就会认为你将给他一笔现金。在日本，用手抓自己的头皮是愤怒和不满的表示。

社交禁忌

　　日本人送礼时，送成双成对的礼物，如一对笔、两瓶酒很受欢迎，但送新婚夫妇红包时，忌讳送 2 万日元和 2 的倍数，日本民间认为"2"这个数字容易导致夫妻感情破裂，一般送 3 万、5 万或 7 万日元。礼品包装纸的颜色也有讲究，黑白色代表丧事，绿色为不祥，也不宜用红色包装纸，最好用花色纸包装礼品。日本人接待客人不是在办公室，而是在会议室、接待室，他们不会轻易领人进入办公机要部门。日本不流行宴会，商界人士没有

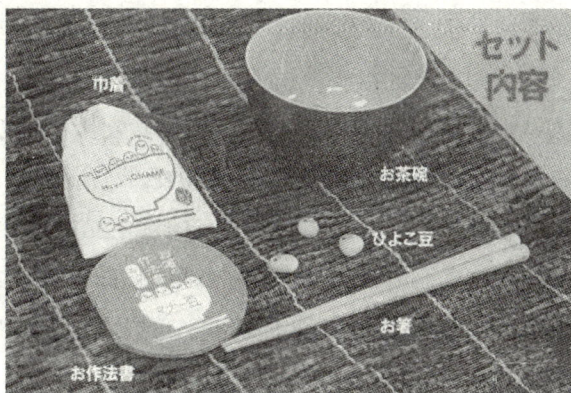

日本人送礼，可选择的物品

携带夫人出席宴会的习惯。商界的宴会是在大宾馆举行的鸡尾酒会。日本人没有互相敬烟的习惯。进入日本人的住宅时必须脱鞋。在日本，访问主人家时，窥视主人家的厨房是不礼貌的行为。在日本，没有请同事到家里与全家人交往的习惯。日本人从来不把工作带到家里，妻子也以不参与丈夫的事业为美德。

世界各地奇特的"处女禁忌"

　　处女，又称在室之女，指未出嫁的女子。在中国古代著作《荀子·非相》中云："妇人莫不愿得以为夫，处女莫不愿得以为士。"在远古时期，

人们对一些自然现象、生理现象不能得到明确的认识，故而产生了诸多忌讳习俗。

据介绍，在澳大利亚的一些原始土著部落里，有一种"处女禁忌"现象，部落里如果有人结婚，人们就纷纷前来祝贺，大家尽情地跳舞、喝酒。狂欢达到高潮时，部落里的一些人把新娘簇拥到另一间房间里，用石器或其他什么工具破除她的童贞。然后，由一个人带着沾有处女血的东西向大家展示。至此，婚姻仪式才算真正完成。

这是人类童年流行过的一种很普遍的现象。在澳洲某些原始部落中，当姑娘到达青春期时，就由年老的妇女弄破处女膜。在赤道非洲的马萨、在马来西亚的沙凯族、苏门答腊的巴塔斯族都有这样的习俗。

有些部落请丈夫的朋友，有的则由姑娘的父亲，有的则由部落里的特殊的人物来完成这一工作。在西里伯尔的阿尔福族那里，新娘的父亲充当这种奇怪的角色，在爱斯基摩人的某些部落里，巫师帮助新娘弄破处女膜。

在古希腊，处女在神庙前向神的代表献出童贞。在中世纪，欧洲领主拥有姑娘的初夜权，可能也是一种处女禁忌的遗风。在印度的不少地区，新娘用木制的"神像生殖器"破除童贞。但是，完成这一人生使命的决不是新娘的丈夫。

在上述一些原始部落里，新娘、新娘的丈夫，大家都不仅不重视处女的童贞，甚至怀有对童贞深深的恐惧。因此出现了由第三者帮助破除童贞的婚姻现象，对这种婚姻现象，心理学家们和对原始人类史和民俗学缺乏了解的人会认为是不可思议的。

有的学者认为，这是性自由的群婚生活时代的一种心理沉淀，处女禁忌由第三者，并且常常由男性真实地或仪式化地进行，有时由多个男子公开地、仪式化地进行，这是对古代群婚生命的一种回忆和重演，也是向群婚生活的一种告别。

有的学者认为，这是原始部落对处女流血的一种恐惧的疯狂心理的防止。原始民族大多对红色有一种神秘的心理，原始埋葬中常常把红色粉末作为殉葬品，认为它能注入生命的活力。另一方面，原始人有喝血情操。他们喝动物血的或敌人的血，血会引起原始人疯狂的杀欲。

在安达曼群岛上的安达曼人那里，女孩子初潮时有许多禁忌，例如不得外出，不得用原来的名字，等等。害怕流血会带来可怕的祸害。而这种祸害与结婚的喜悦是矛盾的，作为避免的方法，就由第三者来承受可能带来的祸害。

心理分析学之父弗洛伊德则认为，就女性来说，初婚导致肉体器官的受损和自恶的心理创伤，这种心理常常表达为对于逝去的童贞的怅惘和惋惜，表现为对夺去其童贞的人的一种深刻的恼怒。

而处女禁忌则使将来要与这个女子共处一生的男人避免成为女子内心恼怒的对象，避免妇女因童贞的丧失而产生对丈夫进行报复和敌对的心理。原始人把女子看成神秘的、令人恐惧的，害怕女子在初婚时会对丈夫造成某种危险。因此，丈夫也认为处女禁忌是有益的。

第四章　风格迥异的民族风俗

世界各民族怪异性风俗

有的以娶处女为耻，有的以肥胖为美，有的替姐姐完成房事，世界各地的性文化遗产中有很多奇闻，你了解多少？

乌干达：以娶处女为耻

在贞节观念淡薄的今天，新婚新娘是否是处女已经成为很多"铁汉"娶妻的铁门槛。可是，对比乌干达部落首领的择妃观之后，那些设铁门槛的铁汉们恐怕要自愧"老土"了。在许多乌干达部落内，有一条风俗被流传下来：如果哪个部落首领纳一个处女为妃或为王后，那他会遭到所有族人的羞辱，处女膜是否完整在这些部落族人的眼中毫不重要。更为有趣的是：部落中还专门设有"采妃使者"的差事，这名"不幸"的"差人"业余从事一项"苦差"：与新妃交合。在这些部落内，人们都认为，被采过的新娘才更纯洁。

乌干达部落

伊尼斯比格族人：性压抑的受害者

居住在爱尔兰海岸的伊尼斯比格族人真称得上是性压抑的受害者。这里居住的可怜的男男女女们，虽然同样沐浴在灿烂的阳光之下，自由自在地呼吸着上天恩赐的空气，可祖宗恩赐给他们的遗训可真苦了他们：男人和女人在这里一辈子几乎完全被隔离开。即使偶然为了什么"差事"，男女双方会偶然被分派到一起共享春宵一刻，那一刻也是极其苦短，最后双方也是马马虎虎了事。上天赐予他们的性器官，在他们看来只不过是传宗接代时借来用用罢了，用完之后赶紧放回原处，多用一会儿，似乎就有人来责怪他们。您要告诉那里的人们说：女性也有性高潮，他们瞪大的眼球不把你吓死才怪呢！

西瓦族：给女性食男精

女性朋友们，当您漫游北非，有西瓦族男人请您共同进餐时，对于对方送的食物千万要当心呀，因为那里的男人有一个风俗：把自己的男精偷偷抹在食物上，他们认为如此一来，那这位女性就会认为他魅力无穷！

东南亚农村：金银塞入包皮下

使用棱边安全套，能够增加女性性快感，这大概是众所周知的了。许多体贴入微的男性还因此宣扬自己这样是"为了她"。老哥，您可不要如此"乐观"！来看一看东南亚某些农村老乡们的壮举吧，但愿您不要因此而哑口无言。他们可真有一手绝活儿：为了她，也为了自己的宝贝儿更具杀伤力，那里的英雄们竟通过割皮手术，将一些小型的金银块儿塞到自己的包皮之下。老兄，您的自豪感还在吗？敢不敢爽身一试？

西瑞诺族：肥胖美人

南美洲玻利维亚活跃着一支西瑞诺民族，对美人，这里的族人有自己别具一格的评价标准——肥胖。西瑞诺民族一位学者说道："我们民族内对美人的评价主要有两个标准，其一是肥胖，其二是年轻。满足这两个要求的女性才能得到我们男族人的恩宠。她应该有一对肥臀，一对大号的坚实乳房。"实际上，丰满确实是被男性广为赞赏的性特征，所以不光是在这个民族内，甚至是在其他民族，有闲情雅致的爷儿们都曾编出一段段的通俗民谣，来赞扬丰满。

缅甸男子：胯下有铃铛

您可能听说过：胯下有铃铛，走路听脆响。可最近又有新说：缅甸男子经常会将铃铛挂在阳具下，如此一来，当他们在大街上溜达时，随时都能听到叮儿当的脆响，这可真是消除寂寞的良方。

库克群岛：未成年人性技高

为了使将来的性伴侣获得更多快感，当库克群岛的男孩子到了青春期时，就会有专人负责教授给这些青年必要的绝技，让他们能学会怎样刺激女性以使她得到高潮，以及

铃铛

怎样延迟射精的时间。这已经成了每个未成年人踏入成年期的一个门槛，不好好学，你就及不了格。

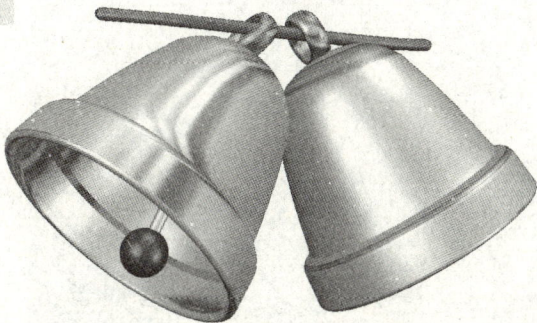

海达特撒族：妹妹代姐性服务

看看这里的男人受到了什么样的优待：当海达特撒族孕妇到达临产最后一段时期并且不能和丈夫进行正常房事时，她们实在舍不得丈夫"干火空烧"，干脆就请来自己的胞姐或胞妹暂时"帮忙"对付一阵子。

女人家中称霸的不丹

被世人誉为"最后的香格里拉"的不丹王国，位于中国的西南边陲、喜马拉雅山脉东段南坡。千百年来，由于巍峨的群山隔断了与外界的交往，使得不丹淳朴的民风和生活习惯得以保存，以至于在许多外国人的眼中，不丹着实有些"怪"。

衣袖兼作口袋

走在不丹首都廷布的街头，我看到不丹女子身穿齐脚踝的"基拉"裙；男子都宽衣肥袖，上身穿着名为"果"的传统长袍，挽着雪白整齐的

不丹女人称霸，男人靠边

袖口，下着齐膝裙和长筒袜。据当地人说，肥大的衣袖可兼作口袋，把东西往衣袖里一塞，用手捏住袖口，里面的东西就不会掉出来。男子的服装上既没有扣子，也没有兜，只靠一根宽腰带束紧衣服，因此形成了不丹男子"开阔的胸怀"，袖子里装不下的东西可以放在怀里。成年人将身上带的"零碎"都堆在怀里。学生上学不用背书包，所有文具和书本都揣在怀里，衣服鼓鼓囊囊的。

出门佩把剑

与世无争的性格并不表明国民屡弱。不丹森林茂密，黑熊、雪豹等猛兽多，当地男子的怀中都少不了匕首。而且，上至国王大臣，下至平民百姓，个个都是射箭高手，一些不丹高级官员甚至上班时还随身佩带长剑。

经幡印成五彩

无论是山边路旁，还是房顶门前，不丹各地随处可见一片片迎风招展的五彩旗，场面蔚为大观，古朴中透出几分神秘和怪谲。当地人说，国民信奉藏传佛教，这些五彩旗其实是印着经文的经幡。以前，这种长3尺、宽1尺的经幡上都印有"嗡、嘛、呢、叭、咪、吽"六字箴言和龙、虎等图案，旗帜的边缘为蓝、白、红、绿、黄5种颜色，象征蓝天、白云、火焰、绿水和土地，代表了宇宙的"五大元素"——地、水、火、风、空。

辣椒成为主菜

不丹人的生活习惯和中国人相似，他们也吃饺子。但是，不丹菜之辛辣比中国的川菜有过之而无不及。不丹人把辣椒当蔬菜，而不是调料。家家房顶上都晒满红辣椒。日常生活中，不丹人不仅吃任何菜都会加上大把干辣椒，而且还喜欢将不切碎的生辣椒凉拌，直接当沙拉吃。

不丹人把辣椒当蔬菜，而不是调料。家家房顶上都晒满红辣椒。辣椒成为主菜

被世人誉为"最后的香格里拉"的不丹王国，位于中国的西南边陲、喜马拉雅山脉东段南坡。不丹的生活环境

在不丹，我还发现了一件"奇怪"的事情：不丹女子在社会生活中的地位高于男子。我的一位不丹朋友说："按照不丹的民俗，婚后男方必须入赘女方家，成为女方大家庭中的一员。夫妻共同承担家庭生活的各项开支和家务劳动。"由于儿子最终要"倒插门"，女儿要承担起照顾父母的责任，因此，女儿将理所当然地继承家里的大部分财产，儿子只能得一小部分。更有意思的是，在不丹，只要经丈夫同意，妻子甚至有同时再嫁他人的自由。

走遍全球看男女共浴风俗

如今提及男女共浴，难免与"色情"联系起来。其实，在世界各地的许多地方都有男女共浴的风俗，在当地人看来，男女共浴只是一种寻常的社会习惯。在共浴中，男人和女人都带着健康的心理，用平和的眼光看待彼此。沐浴之事，是生活，也是艺术。

古罗马：公共浴室男女一丝不挂

如果你对男女共浴的话题感兴趣，就应该去古罗马的公共浴室走一圈。

在很长的一段时间里，罗马的许多浴室都容许男女共浴。不难看到一丝不挂的男女在公共浴室里亲热，比妓院正派不了多少，也出现了不少今日称为"换妻"的放荡行为，浴室成了有闲有钱的阶层比富斗乐的安乐窝，丑事百出，声名狼藉。

所以，公元2世纪，哈德里安皇帝下令，禁止男女共浴。从此，男女两性只能在不同的时间段分别使用浴室。

今日，站在这些宏伟浴室的颓垣断壁间，追思骄奢淫逸的"有产阶级"男女共浴的场景，仍感觉是一件非常淫乱的事情。

日本：从"无牵无挂"到一块布帘

日本人酷爱洗澡，每天都要洗。在日本有一句流行语，叫做"酒喝三家，澡洗三次"。

日本和我国同属亚洲，同受东方文化的熏陶，日本人却把性与肉体分开来看待。男女共浴的社会风俗在日本源远流长，也体现了日本人对肉体的认识与中国人完全不同。对于这一点，欧美等国家的人大为不解，很多人因此潜心研究日本的文化，希望能够找出问题的答案。

日本人的洗浴方式，从原始的在河、湖里共浴，逐渐发展到在浴室等人工场所里共浴。

日本人在泡温泉时全身赤裸，随身只带一条小毛巾，但小毛巾一般不放入池中。男性与女性共浴一池，赤条条无牵无挂，还可以相互搓澡，享受轻松洗浴的乐趣，没有什么害羞的感觉。这与国内人们穿着游泳衣裤泡温泉完全不同，在日本人的眼里，穿衣裤入浴反而不卫生，达不到完全融入自然的意境。

男女自由共浴一直持续到明治天皇掌权。明治天皇提倡全盘西化，出现了所谓的"男女有别"的观念。于是，男女于浴室共浴开始不被认同——其实变化也不是很大，也就是在男女中间挡上一块1米长的布帘，就算是分开了，

日本人在泡温泉

有些地方仅仅象征性地挂根绳子而已。

在今天，日本还有部分实行男女共浴的温泉，通常分别设有女性浸浴的专用时间段和男性浸浴的专用时间段，其余时间则是男女共浴。因此，

如果你想去日本亲身体验男女共浴，还需要把握时机。

德国：体验男女共浴遭遇最大尴尬

几个月前在报纸上读到一篇男女裸体共浴的文章，我真的没有特别的想法，更没想到有一天在德国的 Barden—Barden 会有这样的机会。不论洗澡、洗温泉浴，裸体是自然的，穿泳装又哪能真正享受 SPA 的乐趣呢。

全部 SPA 时间是三个半钟头，我好奇这三个半钟头可以怎样洗。

我们挑了一个男女分浴的时段，即使后段男女要共浴也没办法，毕竟旅行就是这样——时间有限。

这是个爱尔兰浴，我不知道它到底是什么，但却有程序，共有 16 道步骤。

第 1 步骤是净身，5 分钟，就是洗澡嘛。

第 2 步骤是小烤箱，15 分钟，我们躺到他们准备好的椅子上，享受身上的热度，即逐渐地加温。

第 3 步骤也是烤箱，5 分钟，但温度较第 2 步热多了。才踏进这个房间，就感觉地上是烫的，我们跳着跳到躺椅上，看着墙上的挂钟，时针一格一格地移动着。

时间好不容易到了，出了步骤 3 的房间，还要穿过步骤 2 的房间，地上烫得令我想到汤姆·汉克斯的电影《跳火圈的人》。

觉得眼前有点黑，勉强撑着身子看到第 4 步骤写着润丝，时间是……

"你怎么了？"我听到同伴叫着我，我只觉得后脑袋好痛，手肘关节也好痛。

原来我昏倒了。

从来没想过原来洗温泉可以洗到昏倒。我光着身子被扶到另一个房间坐下，服务人员马上在我脖子后、身上垫上毛巾，脚也被抬高并在脚后跟也垫上凉凉的毛巾。然后是四五个看似医护人员的男人慌张地跑进来。

我同伴说好怕我突然就这样中风。

什么话啊，我还年轻，身体也还健康。不久她自己也被扶着半躺坐在椅子上。

这时我意识仍算很清楚，只看着他们在我们身边轮流替我们量着血压，还有拿水给我们喝。我觉得像被五星级地照顾着。

我同伴的手开始麻得拿不住杯子。我能理解，那个马克杯我第一次也是很费力才拿住。

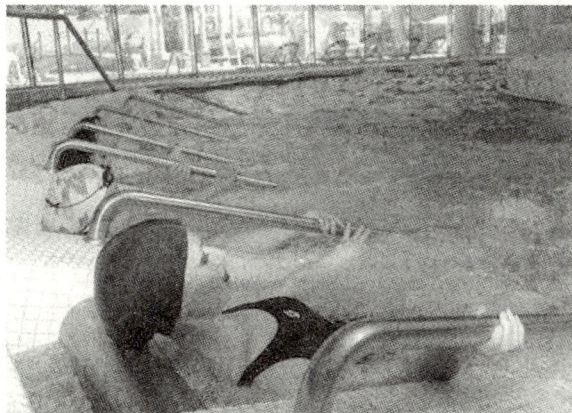

正在沐浴的爱尔兰人

那些医护人员开始问起我的名字。我觉得很好玩，就像电视剧中有人昏倒，旁边的人怕因敲到脑袋而脑震荡，会有失忆症。但我还很清楚地知道我是谁，只是我们都还光着身子，从上到下都光溜溜的。这间房子里的所有眼睛没有情色，只有害怕顾客发生意外的紧张吧。

我很快就完全恢复意识了，只是后脑勺还很痛，不知道人的脑袋可以在怎样的重力加速度下才能肿成这样的大包。手肘关节也很痛，右手肘关节甚至都流血了。

我的同伴被要求躺下，原因是她血压太低。都是家族遗传惹的祸，我们家的血压一向就低。不过她的已低到 70/50。

我们还是觉得那些医护人员太大惊小怪了，我记得妈妈曾说过舅舅曾经有一次要捐血，却因为高压只有 60 而被赶下去的故事。

同伴还是被扶到另一间房间平躺下了。不多久我也步她的后尘躺下了。这时我们全身除了头以外，已被包得像个木乃伊了。

我跟同伴说也许是服务人员要先帮我按摩。（这是我们外加买的服务）

结果我也只是躺着。

我和同伴就这么躺着，偶尔望见外面走过的女人，想着她们是怎么通过一关又一关的。

我望着墙上的钟，不知道我们到底要躺多久，我们剩下的步骤还要怎么进行。

一位服务人员走进来分别看了我和同伴的状况，同伴问她我们是否可以起来了，她说还要再等10分钟。

10分钟到了，我们早等不及后面的步骤。这时那个胖胖的女人却说我们两个的身体状况都不适宜后续的步骤，而且我的手肘流着血也不能碰水，总之要我们改天再来。

天知道我们只是来旅行，哪有时间改天。而且我们付的是三个半钟头的费用，除了按摩还没进行可以退费以外，其他都不能退费。

无论我们怎么和他们争取，我们仍然就这么被赶出这个华丽的爱尔兰浴池。

我们想要洗一个这样特别的澡（特别的不在男女裸身共浴，而是程序上的特别）恐怕就此落空了。有很多旅行的路途都是一去不回头的，更何况旅行的时间又是那么的有限。

可是没有想到在离开德国的前一天，我们在离法兰克福约半小时远的另一个城镇又发现了那家浴池的分店，享受了它的特别，当然有了上次的前车之鉴，我们小心地不让自己在半途中昏倒退场。

在温泉充斥的中国，有各式名牌浴（如上海浴、土耳其浴、芬兰浴、泰国浴），我起初并不知道爱尔兰浴有什么特别。但洗完后令我很满足，如果你想知道，就要自己体验。

日本流行"妖怪学"

在日本，如果你恰巧碰到有人头戴狰狞面具夺门而入，而一家老小则手拿黄豆向其抛打，千万别以为是遇到了歹徒，这是日本人为保全家平安而举行的"撒豆驱鬼"仪式。在日本，有关妖怪的传说五花八门、种类繁多，且贯穿了整个日本历史。可以说，妖怪文化是日本文化的一个重要组成部分。

妖怪形象随时代而变

日本民间有着大量关于妖怪的传说，这大概与身处岛国的日本人在心理上有种神秘主义倾向有关。喜欢较真儿的日本人把妖怪分门别类，著成《日本妖怪物语》、《日本妖怪大全》等大厚本的图书，还配有精美插图，在图书馆中举目可见。各地"乡土会"的老人说起古往今来的妖怪，更是滔滔不绝。

"撒豆驱鬼"仪式

妖怪的产生起初是出于对自然、动物的敬畏之心，人们把自己看不见、摸不着、无法控制的力量统统称为妖怪。日本是个水域文化国家，所以很多传说和水有关，比如豆子婆婆，就是用筛子在水中捞人来吃的妖精；桥女则是为情投水自尽的女鬼；而活跃于江河之中的河童，其原型很可能是一种凶猛的淡水鳄鱼。同样，日本又是一个多山的国家，所以传说中住在山上的妖怪也不少。比如雪女，据说是被情人抛弃于雪山的女子所化，因此经常诱惑上山的行人，凡对其动情的人便会冻死。因此，在最初的民间故事中，妖怪往往造型恐怖，让人望而生畏。

据说因为鬼怪太多，日本古代政府设立了专门的巫师——阴阳师。这个职务的尊贵在平安时代达到高峰，因为这个时候日本国内社会动荡、人心不安，统治阶级没有解决的办法，于是把种种问题归结于神鬼。因此，人们在生活中小心翼翼，惟恐触犯某种禁忌招致鬼神报复。当时的阴阳师权力极大，天皇和大将军们的日常生活都受到他们的干涉，今天日本文化中的各种禁忌，大多就是那个时候留下来的。

日本百鬼图

到了江户时代，商业手工业繁荣，人们不用光靠老天爷赏饭吃了。于是妖怪们也摇身一变，成了住在各种物品道具里的精灵。最有名的是《百鬼夜行绘卷》，描画了琵琶、伞、木鱼、锅等各种旧物品因为要被人们丢弃，一怒之下变成了各种各样的妖怪半夜出来游行的场景。此画被誉为日本妖怪画的鼻祖。随着战后日本动漫的迅速发展，日本妖怪的形象变得可爱而人性化了。水木茂是日本鬼怪漫画第一人，他创作的鬼太郎系列风靡一时，和鬼太郎有关的玩具、游戏、装饰物、服装四处开花，号称日本国民三大动画偶像之一。之后恐怖漫画大行其道，并相继出现不少恐怖漫画的专业杂志，像被称为恐怖漫画女王的犬木加奈子，以儿童的世界为舞台，创作了民间传说、童话、城市故事等题材的恐怖作品系列。人们评价她的漫画作品"有趣、可爱、可怕"，很多日本人沉迷其中。而这几年宫崎骏的动画，更是将日本妖怪文化的热潮推向了世界。

70%的妖怪原型来自国外

日本民俗学的奠基者柳田国男认为，日本妖怪最大的特征就在于它具有两面性，善恶可以互相转换。比如怨魂，如果好好供奉，也可以成为保护神。而西方的妖怪则善恶分明。所以在西方人眼中，日本的妖怪总是充满神秘感。而近年来，日本表现出的妖怪形象，要么是借助现代高科技制造出恐怖效果，要么是以可爱的精灵形象讨人喜欢，可以说走向了两个极端。

据说日本70%的妖怪原型来自中国，20%来自印度，10%才是日本本土妖怪。比如天狗是来自中国《山海经》中的犬怪。传到日本后，渐渐和佛教中的天魔、神教中的山神等结合起来，融合成现在的形象。比方传说中河童爱吃黄瓜，所以海苔卷黄瓜这道菜就叫做"河童卷"；特别厉害的恶媳妇儿，叫做"鬼嫁"；说人生了个天狗鼻子，那是在批评人家骄傲自满；如果说"鬼生霍乱"，是指英雄也怕病来磨；"把鬼蘸了醋吃"，则是天不怕地不怕。

一向以认真刻板著称的日本人，已经将妖怪作为一门专门的学问去研究。号称"妖怪博士"的小松和彦教授带领国际日本文化研究中心的人员收集了1.6万条有关各种妖怪的传闻，耗时6年，并制成了一个庞大的数据库以供研究。现在，"妖怪学"已经作为文化人类学的一个分支正式确立，并在众多高校展开授课，不光日本学生，外国学生也听得津津有味呢。

各国怪异风俗面面观

在有些国家，裤子似乎只是男人们的时尚，与女性无关。比如在非洲大陆的许多传统部落中，女性穿裤子就属不道德行为。她们必须着长度过膝的裙装方可出门。

随着西方文明的大肆入侵，在比较开放的大中城市里，穿裤子、追求"时髦"的女孩却越来越多，让想保持传统的人士有些始料不及。

英国白金汉宫

为了规范学生纪律，加强对女生的"道德情操"管理，位于乌干达东北部卡拉莫加地区的摩洛托中学最近宣布，禁止女生穿裤子、戴珠宝首饰。

据当地媒体报道，摩洛托中学校长对这个规定作出了如此解释：现在学校绝大多数女孩都穿上了裤子，像男孩一样自由出入于男生宿舍。尽管学校修建了新的围墙，但每到夜晚总有不少女孩翻越围墙和篱笆跑出去与男朋友约会，现在已有10多名妇女跑到学校大发雷霆，指责该校女生勾引她们的丈夫。

英国：宫内禁穿白外套

近来英国天气炎热，白金汉宫内的管家助理们在目睹仆人们穿着红色燕尾服工作时大汗淋漓，为大家添置了一套漂亮的纯白色夏季工作礼服。然而，这次换装乐了仆人，却恼了女王。

据英国《太阳报》报道，当女王看到仆人们时显得很不高兴。她转身就对身边的一名贴身管家说："他们看起来就像是卖雪糕的，让他们马上脱掉！"

法国：身体发臭者禁止游泳

据报道，法国拉格兰得·莫特市市长近日颁布政令，授权警察对当地海滩上穿泳衣的游客进行检查，身体有"臭味"的人将被勒令穿上外衣，违者将罚款以示警告。

　　这位名叫亨利·迪努瓦耶的市长是一名游泳爱好者。他在接受当地媒体采访时说，海滩上许多人很不自觉，汗味很重也不冲洗，身上的气味到处飘散，让人难以忍受。

　　为表现这一政令的"人性化"，迪努瓦耶市长还让人制作了大量免费衬衫，供那些有体味的人使用。不过，他的做法遭到很多当地居民的反对。一名不愿透露姓名的男子对媒体说："他任意使用职权，简直是疯了。他提供的T恤衫更是有问题，上面竟然写着'我身上有味'。"

美国：人猫同享共用香水

　　除狗能受到时尚人的供奉外，猫如今也享受到了类似的待遇。美国的一家化妆品公司就推出了一种人、猫均可使用的香水"噢，我的猫"。Adipar公司市场部副总裁穆纳福表示，该款香水融合多种花香，以及只有猫才能嗅到的橄榄叶油，即使吃进肚子也没有问题。穆纳福同时指出，人与猫涂上同一种香水，可以"增进猫主和猫之间的和谐"。

　　据当地媒体称，这种人猫共用香水十分受人欢迎。

香水

俄罗斯人十大怪

来俄罗斯也有三年多了，在圣彼得堡干了两年导游，也算是对俄罗斯的风土人情有了一点点认识。结合前人的总结，加上朋友的经验，再来点自己的感受，编出了一段顺口溜：俄罗斯人十大怪。就当给各位一个茶余饭后的话题，看过以后哈哈一笑也就罢了。

第一怪：姑娘们身披破麻袋

俄罗斯无疑是个盛产美女的地方。一些去过俄罗斯的朋友总会感叹，

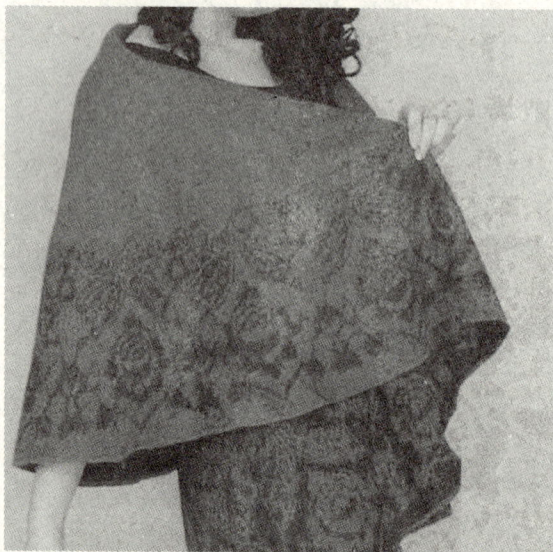

俄罗斯姑娘们的服饰

只在那里的大街上走着走着不经意间就会屡屡惊艳得不能自拔……我也有同学由于看美女导致流鼻血。漂亮的披肩给美女们又添上了浓浓的斯拉夫民族风情和更多的迷人风采。也不知道有些中国人是调侃这些美女，还是受武侠小说中丐帮的影响，他们管如此漂亮的披肩叫做破麻袋！爱美之心，人人皆有。尽管这么说，可是越来越多的中国人也加入了丐帮的行列，都披起了麻袋，来俄罗斯买几条正宗的麻袋已经成为必须做的家庭作业，要不然回去后老婆会龙颜大怒的。

第二怪：帅哥们头顶大锅盖

俄罗斯正规军、内卫部队、警察以及其他强力部门的军官都戴大沿帽。特工部门的军官平时不穿军装，但每个人家里都有一套军装，正装大锅盖是必需的。在世界各国军队中，俄军的大沿帽是最大的，特别是俄罗斯海军的大沿帽，大得有些夸张，小个子军官戴在头上就像扣了个巨大的锅盖似的，根本不成比例。

头顶锅盖的帅哥

第三怪：俄罗斯青草白雪盖

俄罗斯的秋天非常短，冬天却来得非常快。10月份就开始下雪了，这时候青草还没有变枯。而盖上这层厚厚的白雪棉被以后，整个冬天的草依然是绿油油的。直到来年5月雪全部化光，我们又能见到白雪被子下面的青草。

白雪皑皑的俄罗斯草原

并不是青草不想变脸，而是俄罗斯的老天爷不给它们机会。

第四怪：干活的全是老太太

在俄罗斯各地铁站、火车站、汽车站的清洁工是老太太，在商店、公园、饭店扫地的也是老太太，在博物馆、图书馆看门和值班的仍然是老太太，就连乡村路边出售自家土特产的还是老太太。也许，俄罗斯服务行业全靠老太太支撑局面呢。实际上俄罗斯老太太忙着发挥余热，主要是为了养家糊口。她们的养老金太少，而丈夫和儿子还可能正忙着酗酒，所以"打工族"老太太就特别多。真心祝愿老太太们能早日休息下来，安享晚年。

辛勤劳动的老人

第五怪：十二三岁谈恋爱

俄罗斯是个人口严重缺乏的国家，目前只有1.43亿居民，且新生儿出生率连年下降，人口总数每年递减75万人……若再不采取紧急措施，到2050年，这个泱泱大国就只剩下8000万人口，恐怕连保证最基本的劳动力都成问题。这让政治家们如何不挠头？

为增加人口，俄罗斯国家杜马新通过的婚姻法规定，俄罗斯公民14岁就可以结婚，并且结婚手续相当简单，甚至无需经过双方家长的同意。法律一经颁布，立刻引起了俄罗斯社会各界的强烈反响，各式各样的说法都有。俄罗斯少年才不管那么多呢，既然14岁就可以入洞房了，十二三岁谈恋爱还早吗？

第六怪：30多岁当奶奶

　　14岁结婚，15岁生女儿。14年后女儿14岁结婚，15岁生孙女。看来30岁当奶奶，数学上、法律上都是行得通的。有一次，我和几个朋友去剧院看芭蕾。就看到一个小男孩管一个风韵犹存的少妇叫奶奶。我们6个

俄罗斯祖孙三代

人戴了4副眼镜，听了这声奶奶以后，生生地跌碎了8个镜片！第一次见到这么漂亮的奶奶，第一次见到这么年轻的奶奶，第一次见到穿超短裙的奶奶！

第七怪：姑娘的大腿露在外

　　俄罗斯有三宝：伏特加、巧克力、美女。不管多冷的天，俄罗斯姑娘都喜欢穿裙子。有些耐寒美女她们裙子的长短和温度的高低成反比。我们冬天都是裹着大衣，套着毛裤，见了这些露大腿的美女大吃一惊，感叹不已，人和人的差距咋就这么大呢？上文说到我同学看美女流鼻血，这事就发生在一个很冷的冬天，那些日子大概受到寒流袭击，气温狂降到零下20多度，突然一个翠绿色短裙闯入了我们的视野，据我目测该裙长不足30厘米。在倩影、美腿、短裙、靓女、寒流的共同作用下，我的同学终于挺不住了，流鼻血不止，血流成河。他一边止血，一边感叹："下次我穿个红

裤衩让她流鼻血，此仇不报非君子！"

第八怪：人高马大床很窄

别看俄罗斯人普遍长得比较高大，但他们睡觉的床却特别窄。据说，彼得大帝身高两米多，睡的也是一张小床。原来，俄罗斯人喜欢趴着睡觉。这样一来，人高马大的问题就解决了。只要上床后不乱折腾就不会出问题，但外国人却很不习惯，许多人都有过夜里掉下床的经历。

第九怪：拉达跑得比奔驰快

俄罗斯人常常埋怨国内的道路坏。既然路不好，把车开得慢一点总可以吧。可早在19世纪俄罗斯作家果戈理就说过："哪个俄罗斯男人不喜欢开快车！"俄罗斯人一坐到方向盘后，一脚油门下去，就是90迈以上。目前，新型拉达车在俄罗斯只卖7000美元，可有些俄罗斯人买不起，只能"坚持"用旧型号的，而新俄罗斯人又觉得开这种车寒碜，只买奔驰、奥迪等进口车。所以街头常常可以看到一幅"贫富分化"严重的汽车追逐赛。你别小看这些二三十年前产的、脏兮兮的拉达车，由于它们的主人大多车破人胆大，撞了大不了不要破车了，所以抢起路来常把豪华的奔驰车甩到后面。

第十怪：路上要烟那是不见外

在大街上，不管认识不认识，只要口袋里没带烟，俄罗斯人就会很自然地向路上行人要烟抽。这时，俄罗斯的烟友也会乐呵呵地掏出烟来送给对方。最近几年，少女吸烟成了俄罗斯的一大时尚。别看她们打扮入时，在公园和大街上向行人（包括外国人）要烟时一点都不脸红。

探秘国外的接吻

　　漫步欧洲街头，随处可见接吻场面。在地中海国家，他们不论性别皆以相互吻面颊作为问候礼，即使陌生人也如此。在意大利和法国，人们社交性的亲吻是每天的必修礼仪，男女老幼何时应该亲吻、亲吻何处以及吻几次，这些交际学问，每个人皆功夫深厚。

英国人的见面礼

　　不过在英国、德国和北欧国家，假如是彼此熟悉的朋友或亲戚，相互吻面颊也只限于女士之间及男女之间。男人并不互相吻脸颊。另外，不同国家的亲吻次数上也有差异。斯堪的纳维亚人仅吻一次就够了，法国人喜欢左右脸颊各一次，荷兰人和比利时人则至少要吻上三次。提到亲吻，法国人无疑堪称天下无敌手。无论亲吻在日常生活中的首要地位还是对它的偏爱，法国人都当仁不让地位居欧洲之冠。这就不难理解，为何以亲吻为题材的两尊闻名世界的雕像——罗丹的"吻"和勃朗库西的"吻"，皆完成于巴黎。据称法国还是深吻的发源地，深吻也被称为"法国式的热吻"。

15世纪时似乎英国人堪称吻林高手。1466年波希米亚贵族列奥·冯·罗斯米塔尔描述："当客人踏进旅店时，英国人的风俗是，女主人及其全家都会站出来迎接，并盛情邀请客人逐一亲吻他们，这一礼节在英国如同其他国家人握手一样普通。"同一时期的荷兰人爱拉斯梅思也有类似的描述。他访问英国期间写给意

法式热吻

大利诗人福斯特·安得累里尼的信中，请求他立即奔赴英国，因为"英国姑娘们热情礼貌，拥有天使般的容貌，你任何时候来都会有一个热情的亲吻迎接你，离别时还会有一个热吻欢送你。当你再次光临时，这一套辉煌的亲吻又会无休止地重复。她们拜访你时同样吻来吻去，道别时你则有机会把她们吻个够。假如你在街上偶然遇到她们，亲吻也是无穷无尽的。总之无论你走到哪里，除了吻之外还是热吻。请相信，这一切将大大助长你的诗兴"。许多历史资料都证明，15世纪末的英国亲吻简直如同流行病一样普遍。16世纪，英国异性之间的相互问候表现出大量的身体接触。英国的亲吻礼仪，于詹姆斯二世时代逐渐衰落。詹姆斯二世去法国"取经"回到英国时，他携带回蔑视亲吻的法国规矩。那个时代的法国，亲吻因不合时宜而早已被抛弃。于是，英国宫廷朝臣及绅士们很快开始仿效法国人，亲吻习俗转而被鞠躬礼取代。

如今在欧洲的意大利、法国、西班牙、葡萄牙、希腊，每天的社交往

往以亲吻打头，又以亲吻结束。与人见面首先赏对方一个热吻已是街头巷尾的风景，不仅相识的熟友碰面时如此，就连头一回见面的陌生人也不放过令你脸颊热乎一番的机会。

英国人似乎仍沿袭着詹姆斯二世时代不轻易接吻的待人风尚。英国人社交亲吻仅表现在女性之间，一般头一回见面的女性间也是握手多于拥吻，绅士们仍然以互相握手寒暄为时尚。著名的拒吻同样出自英国。20世纪90年代初，戴安娜王妃与查尔斯王子一同出访，当查尔斯礼节性地送上自己的嘴唇时，戴安娜大庭广众之下公然将脸扭向一旁，令丈夫扑了个空。拒吻被戴安娜当作一项回击丈夫不忠的武器，同时也首次向全世界证实了这对金童玉女的婚姻已亮起了红灯。

印象最深的两次亲吻礼，一次是在西班牙巴塞罗那刚踏进朋友家门，受到了主人——拥抱吻脸颊的"狂轰滥炸"。另一次是在法国里昂街头，曾拦住一位十八九岁模样的少女打听旅馆，她好心地决定亲自领我前去旅游者服务部。半路上遇见姑娘的女友，还没听清我是何许人也，小姑娘就先扑过来笑嘻嘻地赏了我三个热吻，左边一个、右边一个，再往左边补充一个。话说两位小姑娘为异乡人完成好人好事后道别时，二位再次一拥而上将我的脸颊浸湿了个够，再增添了我心头的温暖和感动。

让人惊奇的印度奇俗

在印度加尔各答里，有许多奇风异俗，取之不尽，用之不竭，对世界确实是一大贡献。在这里我简略地介绍几件，以飨读者。

大便以后用水冲洗屁股而不用手纸

印度的居民一般厕所都有冲洗设备，普通百姓大便时则手拿一杯水，习俗规定用左手洗屁股，所以到商店挑食品不得用左手。我认为这是一个好习惯。其好处是首先使痔疮的发病率大大降低；其次可以大量节约纸张，对地球资源的保护、绿色工程的发展，都极为有利。仅这一项，就能节约大量木材。但旅居在印度的侨胞，认为有伤大雅，至今还保持着自己的民族习惯，仍然用手纸。而我却采用了这个方法，用纸反而在心理上感到不卫生，不习惯了。

印度手抓饭

用手抓饭吃

就是国宴上，甘地夫人也带头用手抓饭吃，其他国宾也如此，大家又新奇又兴奋地模仿此方法。餐桌上每人一个大盘，放上饭，然后放上红豆片、咖喱鸡肉、羊肉、牛肉等菜，再用右手（不得用左手）的五指将饭和菜拌匀，用五指抓起一口饭，用拇指将饭推入口内即可。侨胞们都认为有伤大雅。其实我认为这是印度民族的一个好习俗。若令全球都推广此办法，可以节约不少做筷子、汤匙、刀叉等的木材和钢材。这为节约地球资源又立了一功。您认为呢？

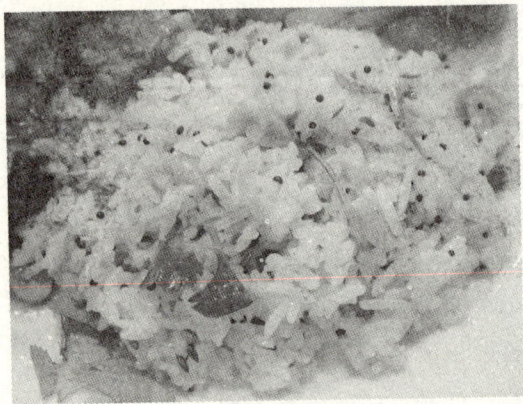

印度咖喱

饮用的是生水

因为这里气候炎热，又普遍喜欢吃咖喱（印度咖喱世界第一）、生洋葱等，具有良好的杀菌能力的食物。长此以往，就形成了他们喝生水的习惯。就是到了大饭店、大宾馆，首先给客人的也是一杯生水。一般人，尤其西方人认为这太不讲卫生了。但印度人民却适应了环境，加上常吃咖喱、洋葱等，可以使身体有很强的抵抗力。如果人类锻炼到这样的地步，能为地球节约多少能源啊！

无水的干旱地区

烧的是牛粪

　　乡村中，居民普遍将牛粪晒干，用来生火煮饭，包括城市的贫民也是用牛粪。在城市的偏僻街巷，墙上、地上到处都可以看到像烙饼一样大小的牛粪在晒干。我妹妹有一次从加拿大温哥华

牛粪

来到印度，看到满墙的牛粪感到很新奇，当即用照相机拍下。看她真有"风景这边独好"的得意劲头。能这样废物利用，也是印度人民为节约地球资源作出的一大贡献。

尊重神牛

　　一些百姓为了消灾减祸，牵着一头牛，到神庙去许愿，然后将牛放

生，不加笼头，即为神牛。对神牛绝对不可以捕杀。加尔各答是一个千万人口的城市，车辆多，交通十分拥挤，但碰到神牛在街上行走，所有车辆必须主动停下，让神牛安全离开后再行驶。近期政府为了管好交通，只好将部分神牛疏散。神牛每到一个商店，主人一定会拿出最好的食物来喂养。到了晚上，这些神牛会自动到一个固定的地点聚集憩息。所以在印度牛的繁殖速度很快，皮革业甚为发达，是印度外汇收入的主要来源之一。

以上这些习俗，印度人民感到很自然、很合理，不但舒适，而且方便，但也许有人很不以为然。然而仁者见仁，智者见智。也许正由于这些奇风异俗，才组成了千姿百态、缤纷多彩的世界。朋友，您以为呢？

惨无人道的割阴唇仪式

世界卫生组织估计：目前至少36个国家中的1.2 名亿妇女被割去了阴唇。联合国紧急援助基金会指出：这些国家大多女孩在 4～10 岁时进行这种仪式。6 岁的胡丹也不例外，她扭动翻滚着疼痛难忍的身子，尖叫不止。小胡丹被迫接受这一仪式以适应这个社会。

在实行这种仪式的非洲中部的一些国家，未被割阴的妇女被认为是不值得娶的。仪式的执行者通常被西方人看作是践踏孩子心灵、侵犯人权的暴徒，因为这种行为常常会引起感染、难产甚至死亡。

对于今天的文明人来说，割阴无疑是最原始的陋习，是惨无人道的。通过照片，我们不难想象出小胡丹撕心裂肺的尖叫，这是多么痛苦而难以名状的惨景！

同时，我们从照片中似乎还能感受到这种制度改变的艰难，在很长一段时期内，也许根本无法改变。胡丹的奶奶和姐姐，作为这种制度的受害者和亲历者，又把这份痛苦强加到小孩子的身上，她们认为这是理所当然的，如果不这样做，反而是对祖制的践踏。可见，承认并忍受这种制度，已经固化为她们心中不可或缺的法则，她们认为这是一条神圣庄重而让人超脱和净化的必经之路，有了这种观念，恐怕也就无可救药了。

因纽特人的奇俗

因纽特人和印第安人同为北美现存的两大最古老的民族。目前加拿大全国共有3万多因纽特人，主要分布在马更些河口三角洲、西北地区沿海、北极岛屿、哈德孙湾和昂加瓦海湾，以及拉布拉多半岛的北部。当时，他们生活在与世隔绝的北极地区（北纬60度以北），见不到别的人，以为天底下只有自己是人类，就自称"因纽特"（INUIT），意思是"惟一的人"。后来，印第安人中的阿布纳基人初次与他们相遇，发现他们吃生肉，于是就称他们为"吃生肉的人"。现在加拿大政府为了尊重因纽特人的民族传统，恢复了他们原来的名称。

因纽特人以兽皮为衣

加拿大因纽特人的衣食住行和婚丧嫁娶颇为独特有趣。这是他们长期以来对环境适应的结果，也是该民族传统文化的具体体现。

兽皮为衣

在北极圈一带，一年中有6~9个月被冰雪覆盖，年均气温一般都在

0℃以下，最低气温达到零下60℃。为了抵御严寒，因纽特人穿的衣服（包括内衣、靴子、帽子、手套等）都是用驯鹿毛皮制作的。用驯鹿毛皮做的衣服是上衣下裤连在一起，衣领上还附带帽子，衣服没有开襟，穿时需从头部往下套，缝制衣服是女人的工作。制作时，先用一

狼

把半月形小刀把毛皮裁好，割去多余部分，然后用针（以前是用兽牙、兽骨制成的，现在用金属针）进行缝制，缝衣的线是驯鹿的筋。衣服一般要宽大一些，既防风寒，又暖和，非常实用。现代人们登山、滑雪时穿的御寒衣服即沿袭了因纽特人服装的特色。英语的御寒衣（Amorak）即起源于因纽特语。

茹毛饮血

因纽特人以猎物为主要食物。夏天在冰原上采集的野草莓或野生芹菜，也是食物的来源之一。他们捕获猎物后，一般都是当场解体，并且一边解体一边用手抓肉吃。他们喜欢食用刚宰杀、尚带热气和鲜血的肉。小孩子最喜欢吃生鱼的眼睛，每当大人捞起活鱼后，小孩子便用小刀把鱼眼珠挖出来，送入口中当"糖果"品尝一番。在猎取大动物后，他们往往会派代表请邻近的因纽特人来共享，并与他们交换礼物，歌舞同乐。每年4月，是捕捉鲸鱼的季节。到6月中旬，各村要举行一次鲸鱼祭，宴请附近村落的所有因纽特人。

冰雪住宅

因纽特人日常居住的是一种奇特的冰屋。冰屋用各种规格的冰砖垒

成，他们称之为"因格庐"。建造时，先选好地基，挖个坑，然后在坑上面用冰砖垒成半球形的屋顶。盖一所冰屋，一个人用一两个小时就可完成。冰屋正面的窗户用晒干的各种海兽肠子做成，透光但不透气，为了保温和防风寒，在呈拱圆形的屋顶上铺一层厚厚的野草，再覆盖一层海豹皮。冰屋的门不高，当地人长得矮，并有灵活的身躯，一滑溜便能进去。床也是用坚硬的冰块垒成的，晚上睡觉，一家人钻进一只用皮制

因纽特人日常居住的冰屋

作的大袋中。招待客人时，则在冰床上铺以柳枝编成的垫席，上面铺盖鹿皮。人们在平台上休息、吃饭、睡觉，如同中国北方人睡炕一样。白天，屋内光线足，可以看清东西，夜间，点着海豹油灯。油灯是一块以人工琢磨成凹形的石板，盛满海豹油或鲸鱼油。灯芯用苔藓做成。这种灯具有照明和取暖两方面的作用，也是因纽特人的生命之光。因纽特人有惊人的耐寒本领。他们习惯在雪地上铺着白熊皮或驯鹿皮，身上仅盖着自己的衣服睡觉。即使在冰点以下雪花落在身体的裸露部分慢慢地融化，他们也依然酣睡着。夏天，因纽特人居住在帐篷里。帐篷一般用井字形木架组成，较为低矮，四周用驯鹿皮遮掩，顶部置一块半透明的海豹皮，使阳光能透进帐篷内。

狗拉雪橇

狗是因纽特人唯一的家畜。虽然因纽特人近年来也使用机动车，但陆地上交通工具还是离不开雪橇，他们用木头和动物骨制作雪橇，用皮带捆绑，为了加快滑速，在滑行装置上塞进冻泥球。有的人把狗分别套在雪橇

上，狗队成扇状，也有人把狗成双成对、前前后后套在雪橇上。大的雪橇需要 15～20 条狗。一条好狗能工作五六年，当它们六七岁时，主人就嫌它老而不中用了，只得忍痛杀掉。狗皮毛是装饰派克大衣帽兜边的好材料，还可用来制作手套。主人常把狗皮毛围在脸的四周或戴在手上以作纪念。

奇特婚俗

狗拉雪橇

在因纽特人婚姻中有一夫一妻的，也有一夫多妻和一妻多夫的，因为他们是根据每一地区或某一村落中男女人数比例来决定婚配的。由于所居地方荒僻，交通落后，只能在非常有限的范围内通婚。如果男女人数比例平衡，就实行一夫一妻制；如果不平衡，就实行一夫多妻制或一妻多夫制。但有一个不成文的规定，那就是男子在其第一个妻子生养孩子时，决不能娶第二个妻子。在实行一夫一妻制的地方，有一个以上妻子的男人是被人瞧不起的。因纽特人的姑娘一般十三四岁就出嫁。由于宗教的传入（过去没有形成自己统一的宗教信仰，多数信奉万物和巫术，受近代欧洲传教士的影响，现在大多信奉天主教，也有部分人信奉基督教），逐渐形成了到教堂按宗教礼仪举行婚礼的习惯。在部分地区至今流行借妻和抢婚风俗。借妻是指主人家丈夫，为了对客人表示兄弟之谊，主动让客人分享他对妻子的性特权。但如果对方未经允许而与其妻发生性关系，则被认为是一件有辱声誉的通奸行为，必然招致强烈的报复。抢婚是指一对男女青年互相爱慕，要准备结婚时，男子就偷偷躲藏在女家附近，一等姑娘外出便动手"抢"人，或直接钻到女家拉上姑娘往外跑。虽然他们早已定情，女方还要装模作样，哭闹不从，直到被男的"抢"去才罢。

寿终"冰葬"

在因纽特人的风俗中，更为有趣的是他们奇特的丧事。因纽特人因大量食用生鱼生肉，摄入动物脂肪过多，又缺乏最起码的医疗条件，加之当地自然条件十分恶劣（但无人愿意离开这块土地），所以一般寿命都不长。每当老人感到病危的时候，便嘱咐孩子准备好一个空的冰洞和一张旧兽皮。孩子遵嘱准备妥当后，即让老人躺进冰洞里去，并用一张旧兽皮给老人盖在身上。接着就把洞口用冰块封住，这个冰洞就成为死者的"坟墓"。5天后，儿子须在冰洞上面挖一个小孔，据说死者的灵魂便可通过这个小孔离开冰洞而升入"天堂"。

第二次世界大战后，伴随着北极地区开发（石油、天然气和大型水电站等工程），因纽特人与外界接触得越来越多。加拿大政府对他们也采取了安抚和怀柔政策，并利用他们耐寒的特点来帮助开发北极地区。40多年来，他们还利用政府提供的补偿款创办了"因纽特航空公司"为土著人服务。但是许多人在广泛享受当代物质文明的同时，有一种明显的失落感，并时常缅怀往昔敦厚淳朴的古风，并提出要保持因纽特人"真正人格"的口号。

第五章　闻所未闻的各国礼仪

见识新西兰的"英雄节"

　　新西兰有很多节日，在新西兰住得日子越长，对节日就越不敏感，住的时间短了，那就更找不到北了。

　　朋友打电话来，告知第二天有个"HeroFestivalExhibition"（英雄节大巡游），说那可是个开眼界的节日，不可不看。他神秘地笑了笑。其实，关于这则消息，早在几天前早餐时，我已经在当地出版的中文《华侨时报》上注意到了，起先还以为是庆祝新西兰的什么英雄人物、什么壮烈的战役，或者是新西兰人的独立纪念日，并没有很在意。

　　这里的节日太多，什么英国的节日（新系英属殖民地），新西兰的节日，土著毛利人的节日，全球性的节日，好

"英雄节"

像世界上什么地方有个什么节日，新西兰都要跟着放假，凑凑热闹一样。你说这平日里好端端的，第二天大街上却忽然不见了往常许多的车和人，家家店门紧闭，不知所以的你还以为这座城市一夜之间发生了什么大事，如此之沉寂。你必定一头雾水。其实，你不过是又碰到一个什么假日而已。嗨，管你什么洋"节"洋"日"的，旅居海外的华人可只认"春节"和"圣诞节"。

星星落落的雨已经缠绵了整整一天。房东老冯在二楼的晒台上不停地向雨雾中的那山那海张望。他是个从哈尔滨来的新移民，听说我要去"看看热闹"，便怂恿我开车拉他，他儿子约瑟夫，还有他太太露西冒雨去"开洋荤"。

"英雄节"在奥克兰市旁边著名的 Ponsonby 街区举行。数万名观众早已拥挤在街道两旁，等待花车大巡游开始。在国外见惯了洋人们的奇装异服，可是看到"时装情侣"在音乐中的即兴招展，还是不由得让人感到"肉麻心跳"。"英王与王太后"这对搭档的招摇过市，更吸引了观众惊诧的目光；而打扮如 FwinSisters&Brothers（双胞胎兄弟姊妹）者，看起来倒更像 Gay（同性恋者）。

晚上 20：00，新西兰首相海伦·克拉克和奥克兰市市长克丽丝·富拉切等政要亲临会场演讲，并为大巡游活动剪彩，整个活动气氛进入了高潮。由新西兰各大学、政党、团体和企业、跨国公司组成的近

新西兰同性恋者

百辆各式彩车，和各社团人群方阵组成浩大的欢喜游龙，开始浩浩荡荡进发。"WelcomeJoinTheGreenPany"（欢迎加入绿党），"AucklandUniversityof

－rechnology"（奥克兰理工大学）等广告在彩车上随处可见。

啊哈，什么"英雄节大巡游"，实则是"同性恋大巡游"。我想起朋友电话那头的窃笑。新西兰澳大利亚、加拿大、芬兰，是世界上目前仅有的4个承认同性恋合法的国家之一。在新西兰，你可以经常看到男女同性恋者出入于公众场合。

新西兰现有同性恋者不下五六万人，近占全国人口的1.5%，而且还有继续上升的势头。在新西兰最大的都会奥克兰，每年2月17日举办的HeroFes—tivalExhibition"（英雄大巡游），实则就是同性恋大巡游。

新西兰美丽的景色

至于为何称同性恋者为"英雄"则不得而知。同性恋大巡游是由新西兰政府资助同性恋者组织举办的大型活动，它向世人表明了新西兰政府重视人权和消除社会歧视同性恋者的决心，并体现出特有的人文关怀精神。据说，"同性恋大巡游"是新西兰最大规模的户外公众活动，其官方参与规格之高，观众人数之众，社会影响之大，花车道具之新颖，花费之巨，远非"圣诞节大巡游"所能堪比。

在新西兰，由于地广人稀，加之语言障碍，不少新移民，特别是年轻的留学生需要相互依存共同生活，才能生存下去。久而久之在男男、女女、男女之间便会产生感情，而有些就读男校、女校的中学生，则有更多机会和同性产生恋情。

多哥人把葬礼办得像狂欢

如果您在多哥首都洛美街头看见一座高高搭起的布棚，棚下身着五彩盛装的男女老幼团团围坐，载歌载舞，欢笑不绝，千万别以为这是一次联欢或街头表演，因为这是多哥埃维族人的传统葬礼。

埃维族人认为，去世意味着人的灵魂回到了神灵和祖先身边，应该欢庆，而绝不该悲伤。当有人去世，附近的亲友会最先赶来，在其住宅旁最热闹的大街上搭建横跨街道的布棚，并通知远方亲友尽快赶到。洛美等多哥城市车辆多，道路条件差。这些布棚的出现，让原本拥挤的交通变得更加糟糕。然而非但政府不管，警察不问，就连过往车辆也毫无怨言地改道绕行。原来在这个国家，"亡者为神"是约定俗成的规矩，谁也不愿打扰亡灵。

不待亲友到齐，葬礼便正式开场。伴随着音乐和非洲鼓的鼓点，亡者亲属开始面无戚容地纵情歌舞，表达对亡者的眷恋，及对亡者即将魂归天国的羡慕之情。入夜，大家燃起火炬，继续歌舞欢唱，这种狂欢将一直持续到天亮。疲倦的人可以坐到一边，吃喝休息，恢复后再继续歌舞，而非洲鼓点却一刻都不许停歇。照老规矩，葬礼上奏乐敲鼓的应是死者的直系亲属。但现在人们往往会邀请专业乐队代劳，专业的水准，加上黑人天生的好舞姿、好嗓门，难怪许多外国游客会误把他们的葬礼当作表演呢。

音乐和歌舞不分昼夜地持续着。远方的亲朋好友陆续赶到，向亡者家属奉上礼金，随即加入到狂欢的行列中。与死者关系最密切的亲戚和挚友所穿戴的花布完全一样，通常是死者生前所钟爱的。他们挥舞着羊尾面具，竭力地歌舞，表达对死者无保留的真挚情感。

天将破晓，劳累一天的客人已精疲力竭，年轻力壮的男性亲戚却要履行他们对亡者最后的责任——送葬。在女亲属们歌声的伴送下，棺木被稳稳抬起。几个健壮的男子上身赤裸，脸上、身上用白垩涂满，手执长矛，跳跃着走在最前面。长老手执羊尾法器，喃喃吟诵着咒语，好将死者的灵魂尽快引到神明和祖先身旁。

对未成年人说性各国有奇招

性问题是许多父母与孩子间的敏感话题，有的家长和学校不敢捅破这层窗户纸。尽管青春期性教育对 21 世纪青年发展的重要意义已逐步为人接受，但是对于教育方式则是众说纷纭，也许我们可以放开眼光，借鉴一下世界各国的性教育。

马来西亚

马来西亚：4 岁小孩也要学性知识

一份由妇女、家庭与社会发展部、教育部、非政府组织以及教育家等联手拟定，名为全国性教育的建议书提交给了内阁，并获得通过，性教育可在两年内成为学校的科目之一，让 4 岁的孩童也学习性知识。学生将可以在性教育科目中，学习到人类发展、两性关系、婚姻与家庭、沟通技巧，以及安全的性行为等。

一位马来西亚的华人这样讲述："在马来西亚，父母会主动谈到一些性知识。据我所知，在我们国家还有许多热线帮助、辅导中心和收留中心。在我上初中的时候，教科书里就有不少性知识的传授，包括避孕、受孕等。小学生因为怕他们不懂，所以用一些有图画的小本子，宣传如何保护自己身体之类的知识。"

日本：从小学一直教到高中

日本文部科学省出版的小学第一册《卫生》课教科书封面就有女性和男性的身体和性器官的图。小学里 1 年中有 1～2 个小时的特别讲座，内容是男女之间身体的区别、月经和怀孕的原理等。初中 1 年当中也有 1～2 小时的特别讲座，在体育保健课里面也讲到这些。并且学校呼吁不要进行危险的性行为，还教授避孕和性病知识。

高中时在体育保健课和家庭生活课里有性教育的课程，关于避孕、性病，还讨论性的伦理道德和堕胎。在初、高中，日本每所学校里都有专门由专家学者成立的"协助者协会"，负责向学生提供各种性咨询、性教育，并编写性教育指导手册。日本学生的性知识主要从学校那儿获得，但家长也会主动和孩子讲一些相关知识。

新加坡：推出多媒体"成长岁月"

新加坡计划生育协会为年轻人制定了一系列性教育方案，其重心放在严格控制性行为、性年龄。新加坡政府十分注重青少年的道德教育，对性犯罪的量刑十分严格。到 1999 年，就已经有 9000 名公民接受了性教育课程，产生了良好的效果。

2004 年新加坡教育部制定了一个系统的性教育方案，并为中学低年级学生设计了一套多媒体性教育教材《成长岁月系列》。另有 3 个《成长岁月系列》教材在未来两年内相继推出，它们适用于小学高年级、中学高年级和中学以上的学生。

新加坡

荷兰：孩子在餐桌上和父母讨论

荷兰人开放的性态度给全世界留下过深刻印象。然而，荷兰性开放并非像外界担心的那样青少年性泛滥。相反，荷兰拥有欧洲国家最低的青少年怀孕比率。孩子 6 岁进小学时就已开始接受性教育，与学其他课程一样，没有什么特别，孩子们还可以自己做研究报告，甚至会在餐桌上和父母讨论这方面的话题。

在欧洲国家中，荷兰拥有欧洲国家最低的青少年怀孕比率。教育专家们认为，对青少年甚至儿童开展早期性教育，可以帮助青少年知道如何保护自己，不至于让一时的性冲动或因为对性的某种无知而做下令自己后悔终生的憾事。

美国：1/3 学校进行禁欲教育

美国从小学一年级起就开始传授生育、两性差异、个人卫生、性道德等知识；初中阶段讲生育过程、性成熟、性约束等知识；进入高中时期讲婚姻、家庭、性魅力、同性恋、性病、卖淫现象、性变态等知识，并向学生放发避孕套；综合性大学都有社会学系，而社会学系都开设有关"性教育"的课。

最近10年里，有1/3的学校增加了禁欲的教育，提倡将性行为推迟到婚后，并会告诉学生实行安全性行为的做法。有一些学校会提供在何处可获得控制生育器具（45%）或如何使用避孕套（39%）的资讯。

荷兰

在美国某地铁车厢里曾有一则广告，提醒中学生使用避孕套。画面是一群天真烂漫的少男少女，题词很醒目："If you do, do it right"（如果你要做，就要做得正确）。尽管在美国少女早孕现象很普遍，但较过去，通过采取一定措施后，早孕人数已急剧减少。现在已在全美14个城市32所公立学校中建立性咨询室。在咨询室里，主持回答咨询的也是孩子，其内容对教师和父母都保密。不管怎样，美国绝不让青少年处于一种无师自通的局面，以致"性无知"、"性放纵"。

瑞典："共同生活事业"涵盖广泛

瑞典的性教育亦称"避孕教育"，成为世界性教育的典范。瑞典的青春期性教育已有很长的历史，其早期学校性教育是国际公认的青春期教育成功模式之一。

瑞典从1942年开始对7岁以上的少年儿童进行性教育，教师采用启发式、参与式和游戏式的教学方法，在小学传授妊娠与生育知识，中学讲授生理与身体机能知识，到大学则把重点放在恋爱、避孕与人际关系处理上。1966 年，瑞典又尝试通过电视实施性教育，打破了家长难以启齿谈性的局面。

瑞典自 1933 年开展性教育以来，教育模式取得了显著成效：性病的患病率极低；20 岁以下女孩子怀孕生育的情况几乎没有；HIV 阳性率至今全国仅 5132 例；出生率和死亡率明显下降；堕胎率超低；性病和性犯罪比例也在不断下降。

最近，在瑞典已不再使用"性教育"一词，而使用"共同生活事业"一词代替，包含了更广泛的涵义。即不仅致力于男女之间和谐的共同生

瑞典建筑

活，还包括了男性之间、女性之间的共同相处，性关系不过是其中的一部分。

韩国人信奉——"身土不二"

刚到韩国的人都会注意到一个有趣的现象，虽然韩国城市里的招牌都是韩文，但唯有"身土不二"这四个汉字经常醒目地出现在大街小巷。时

间一长，更发现这个口号已经深入到韩国每一个角落，甚至成为人们生活中无处不在的信条。

来韩国不久，记者就到著名的盆栽艺术苑参观，这里曾接待过多位中国领导人。在该苑大门外立有一块巨石，上书"身土不二"四个大字。韩国朋友解释说，其意就是"在这块土地上长大的人，应该吃这块土地上产出的东西。"再推而广之，就是身为韩国人要多用国货。

时间一长就发现，韩国人的"身土不二"最能从饮食上看出来。喝惯了可乐的人，在韩国一定会觉得不方便。虽然这里自动售货机随处可见，但里面却很难看到外国饮料。相比许多国家麦当劳和肯德基的盛行，韩国人却钟情于以辣为主的韩式快餐。大城市的肯德基、麦当劳大都冷冷清清，而经营参鸡汤、拌饭、冷面的韩式快餐店却是座无虚席、门庭若市。不仅如此，韩国学校还经常组织孩子们制作大酱汤之类的传统食品，以培养他们的乡土感情。

据有人考证，"身土不二"的理念最早出现于当地医学家许浚 17 世纪完成的名著《东医宝鉴》。这一理念与中国古代"天人合一"的思想一脉相承，而用现在的话说，就是"一方水土养一方人"。不过虽说这 4 个字都是汉字，却并非地道的中文成语。

20 世纪 60 年代，韩国民间组织"韩国农协"出于维护农民的利益，把"身土不二"作为口号进行推广。而农协办公大楼上除"身土不二"以外，还加上了"农都不二"字样，意思是城市和乡村不能分离。从此，"身土不二"理念逐渐深入人心，现已发展成为韩国人强烈的国货意识。

在韩国，进口食品比较便宜，正宗的国产食品价格反而很高，但韩国老百姓仍对本国食品趋之若鹜。例如国产牛肉价格是进口的澳大利亚牛肉的双倍，可国民还是爱吃"韩牛"，理由是外国牛肉"不适合烤着吃"。在韩国料理店的烤锅上，几乎都可以看到"身土不二"这 4 个字，它甚至还被印在菜市场的遮阳伞上、捆青菜的绳子上以及银行的存折上……75% 以上的韩国人拥有手机，但大多是三星、LG 等，基本上见不到外国牌子。

电脑、电视等电器也是同样的情况。如今，"身土不二"不仅是韩国传统观念的总结，其背后更有鲜明的民族保护意识。对许多韩国消费者来说，韩国货就是比外国货好，而至于为什么，则没有那么多人去较真了。

芬兰：每天讲故事

20世纪70年代开始，性教育就进入了芬兰中小学的教学大纲，连幼儿园也有正面的性教育图书，一面加强性道德教育，一面从性保健出发进行性知识教育。芬兰有本性教育书——《我们的身体》，家长可以像讲《一千零一夜》那样每天讲一节，性教育就自然而然地开始了。30多年过去了，芬兰的性教育取得了举世瞩目

芬兰

的成效，被世界人口与发展会议树为典范。

英国：同伴教育

英国的青少年未婚先孕的比例升高后，在专家的建议下，英国政府通过法律规定，必须对5岁的儿童开始进行强制性性教育。英国所有公立中小学根据"国家必修课程"的具体规定来进行性教育，按不同年龄层划分为四个阶段进行不同内容的教授。

目前，在英美等国家较为流行"同伴教育"，即利用朋辈间的影响力，通过发展青少年的自我教育和自助群体，抵御来自社会的消极影响。

各国风俗礼节大"猎奇"

突尼斯饭后请客人洗脸

在突尼斯东部，当家中来客后，主人饭后会请客人到小河边去洗脸，如果主人双手捧起清澈的河水猛泼客人脸时，您可千万别生气，这是主人的殷勤待客之道，要表示感谢。

杂水

北非先给客人煮三碗茶

北非的撒哈密图库瓜拉的图亚勒克人，每当招待客人时，主人总是先给客人煮三小碗茶，然后再给自己煮，如果客人喝不完主人的三碗茶，最好第一碗时就谢绝，否则只喝一碗，是对主人的大不敬。主人欢迎客人一壶只煮三碗，如果一壶煮出四、五碗，您就得知趣告辞了。

巴基斯坦礼节隆重决不草率

在巴基斯坦，朋友相逢常以拥抱为礼，这种拥抱绝不是一搂了之，他们通常要头靠左边搂抱一次，再靠右边搂抱一次，如此三遍，毫不马虎，长者或主人常常用一只手亲昵地拍拍对方的后背，以示至诚相爱。妇女见面，相互搂抱，停留良许，接着"吻雨"落在女宾的两颊和额头，然后再抱，再吻，如此3遍，隆重热烈。对久别的亲人、挚友、贵宾，还常常给他们戴上花环，花环有用鲜花制作的，香气四溢；有用金、银箔制作的，闪烁生辉，增添重逢或初交的热烈气氛。还有用钱币制作的花环，小朋友最喜欢了。

美丽的花环

尼日利亚欢迎来客端柯拉果

住在尼日利亚东图库部的伊特人待客用柯拉果，如果主人立刻端上柯拉果，便是表示对来客的真心欢迎，如果迟迟不肯端出柯拉果，就表示拒绝来客，识时务者应该赶紧告辞，以避免出现不愉快的事。

摩洛哥饭后要饮茶三道

摩洛哥在社交活动中，在逢年过节的宴席上，在接待来访的客人时，爱用甜茶招待客人，真正的以茶代酒，饭后还要饮茶三道。若到摩洛哥人家中做客，您最好是带绿茶，特别是中国的绿茶，摩洛哥人认为中国绿茶味醇香浓，中国的绿茶是友情的信物，最受欢迎。

清茶水

苏丹人见面礼特多

苏丹是非洲面积最大的国家，也是一个多民族国家，全国有 600 多个部族。因此苏丹的风俗礼仪因民族、区域和宗教的不同而有所差异，其色彩纷呈的文化往往给外来人留下深刻印象。

见面问个没完

苏丹是一个礼仪之邦，百姓讲礼貌，重礼节。男女见面，通常点头微笑表示问候。但同性邂逅，先兴奋地打招呼，然后相互拥抱、亲吻。亲吻的次数以双方关系的亲疏而定。关系平平者，通常左右脸颊各一下；关系好的，则三下居多，同时伴着寒暄。

真正的长篇问候是从双方紧紧握着手，彼此对视着眼睛正式开始的。一般没有三五分钟是不会结束的。问候的开头与我们的习惯相差无几，无非是"近来可好"、"身体怎样"之类，但接下来，可就有听头了。他们往往反复地把对方家人的情况问个遍，从健康到生活，从学习到工作，甚至气候、交通等，都会一一问及。

开始我对这种滔滔不绝、

苏丹

热情洋溢的寒暄有些不习惯，一来这连珠炮似的问候让你没有回话的机会，二来对方似乎也不指望真得到回答。在苏丹的日子久了，入乡随俗，我也采取主动，见面就抢先问候起来："你好吗？家庭好吗？事业兴旺吗？"……直到对方连声说"哈姆杜里拉（感谢真主）！"方才罢休。

做客要脱鞋

如果苏丹朋友邀请你到他家中做客，你能非常爽快地答应，并准时抵达，苏丹人会欣喜若狂，有时会高兴得手舞足蹈。一旦你推辞，苏丹人会十分扫兴，甚至从此断绝与你的来往。这是因为，在当地人的传统观念中，拒绝朋友的邀请，不仅是瞧不起人的表现，而且有侮辱人格的含义。

苏丹人在外做客

当应邀到苏丹朋友家中做客时，入室前应主动将自己的鞋脱掉，即使主人说穿鞋进去没有关系，那只是句客套话，因为当地人都有进门脱鞋的习惯。

吃饭悠着点

苏丹人爱留客人吃饭，而且在招待客人时非常慷慨，菜肴很丰盛。

记得第一次我们被请到苏丹人家里做客，主人一直劝我们尝尝这道食品，吃吃那道菜肴。我们吃到差不多时，以为菜应该打住了，谁知道五彩缤纷的菜肴竟比赛似地上个没完。最后的压轴菜是一只烤得红彤彤的羊腿，主人用刀子割下一块块焦嫩的羊肉放在每个人面前的盘子里，豪放地劝我们放开肚子多吃。尽管浓香四溢，可我们已是心有国而肚不济，直后悔方才吃得太急太快。其后餐桌上摆放的各种甜点，大家基本连动都没有动。所以被苏丹人请吃饭时，一定要悠着点吃。

普罗旺斯的男人吻男人

我的一位伦敦律师朋友，身上保留了很深的英国人那种保守的气质。坐在卡维隆的"世纪末咖啡馆"里"青蛙般滑稽"地注视着窗外的人们。这天是赶集的日子，人行道上人潮汹涌，大家推来挤去，一片混乱。

"你看那边，"一辆汽车在马路中央骤然停了下来，驾车人下车来拥抱路上的老相识。"他们总是彼此伤害。看到没有？男人跟男人亲吻。多不卫生呀。"律师朋友对着啤酒喷气。他严谨有度的礼仪观被这越轨的行为激怒了。在可敬的盎格鲁萨克森民族看来，这种行为真是太怪异了！

苏丹美食

普罗旺斯人喜欢身体的接触，我也花了好几个月才适应。我从小学会了很多社交礼仪规范。学会与人保持距离，朋友见面时以点头代替握手，亲吻女士们如蜻蜓点水，公开场合不对狗表示亲热等。初到普罗旺斯，对方犹如机场保安一般彻底的搜身式欢迎仪式，让人真有些不知所措。现在，我不但甘之如饴，而且对这项社交礼仪的诸多细节备感兴趣。肢体语言，实为普罗旺斯人际接触的要素。

两个男人相会，握手是最起码的。即使手上拿了东西，也要腾出一根小手指头握一握。手里若是有点儿湿或有点儿脏，那么就要伸出前臂或手肘来进行这个仪式了。骑在脚踏车上或开着车，并不构成你不与人作身体接触的理由。所以，你常会在拥挤的大街上看到一幅幅危险的场景：一双双手从车窗内伸出来，互相摸索搜寻。这还只是初步的、最起码的动作。要是比较熟悉、亲密的人见了面，需要比这更为强烈的表示。

普罗旺斯薰衣草的故乡

正如我们所见，男人之间会互相亲吻。此外，他们还做出紧捏对方的肩膀、猛拍对方的背、拳打对方的小腹、紧拧对方的脸颊等一系列动作。碰到一个久未相遇的普罗旺斯老友，分手时你可能已经被折磨得浑身青一块紫一块了。

女士相遇时受到身体损伤的可能性就小得多了。但是不熟悉礼节的人弄不清正确的亲吻次数，也可能会铸下社交大错。我初学此道时，遇见女士总是先亲一面。退后，观察对方是否迎上另一面脸颊。后来有人告诉我，伪君子才只亲一面呢，不然就是生性孤僻的可怜虫。亲吻女士们的正确程序是：亲三下，左—右—左。亲三下，是普罗旺斯人的粗鲁习俗，文明人亲两下就够了。

现在，我每见到女士则密切注意她的头部动作。亲两下之后，若头部停止摆动，我就知趣而止。而我的头总是随时保持机动，以备对方又偏过头去时，可继续亲第三下。

德国礼仪课从敲门教起

德国最近进行了一项调查，结果显示，"礼貌有加、举止文明"已成为44岁以下的德国年轻父母对孩子最重要的期望，甚至已超过以前父母最看重的"恒心和毅力"、"勤俭持家"等品质。

行为文明比法律更重要

"行为文明是衡量一个社会、一个民族的文化层次和文明程度高低的一个标准。"在接受记者采访时，柏林弗莱蒙小学校长凯梅尔博士说，行为文明比法律更重要。缺乏行为文明应该被看作一个严重的国家问题。

众所周知，德国是引发两次世界大战的"罪魁祸首"。所幸的是，德国各阶层能够深刻地反思这段历史，因此格外重视对孩子善良品质的培养，并将其列为道德教育的重要部分。

他说，现在的生活带给孩子的压力越来越大，很多时候他们的心情比较急躁，无法做到维持文明的习惯，再加上单亲家庭、不良影视等的影响，很多德国孩子也出现不当行为，例如见到老师和同学不打招呼；上课时嘴里嚼着口香糖；同学之间相互取绰号等。

所以，德国学校都增设了"人际交往和行为礼仪"课程，每周授课两个学时。在课堂上，学生们从最基本的礼仪知识学起。比如见面相互问候，进屋前先敲门，给别人造成不便主动说"对不起"，得到别人的帮助要说"谢谢"，等等。当学生们掌握了这些基本礼仪后，再逐步传授人际交往和言谈举止的必要知识。

礼貌用语不离口

为了"考验"弗莱蒙小学学生的行为文明。记者来到学生中间。果然，第一个碰到记者的二年级学生马克向记者用中文打招呼"您好"；来到门口时，一位小姑娘又为记者把门；而在不同的地方，记者听到最多的词语是"请"、"谢谢"等礼貌词语。一个孩子要打喷嚏的时候，他赶紧捂上自己的嘴巴，之后向记者说了声"对不起"。和记者交谈时，他们先大方地和他握手，并友好地注视对方，以表示尊重。在走廊墙上，记者还看到一个标语："没有人曾经因为表现出礼貌而出过错。"

中午开饭时，孩子们排起整整齐齐的队伍，没有人插队，没有人大声说话，更没有敲打饭碗的声音。由于是自助餐，很多孩子都"量力而行"，不浪费粮食。

在卫生间，记者看到一个约七八岁的小男孩满头大汗地修理坐便器。当记者发问时，他说："坐便器坏了，我要把它修好再出去，不然别人就不能用了。"

下午放学时，孩子们排着队伍回家，过马路时，先按一下"过路按钮"，然后看到绿灯才过去。

言传身教是关键

在谈到怎样养成孩子的文明行为习惯时，凯梅尔博士说了 5 个"词语"："榜样"，让学生善于发现自己身边的榜样；"解释"，同他们进行有关人类高尚道德的对话，只有对话才能使学生受到启发，解答儿童天生的好奇心；"劝诫"，就是教师对学生的激励和规劝，可以通过精心推理的方式进行；"环境"，教师要创造一个道德教育氛围，让学生感受到教师的期望，感受到彼此的相互尊重与合作，从而有助于学生产生利他主义的思想和行动；"体验"，教会他们一些有效的助人技能，有计划地安排校内外活动，有机会体验并且逐渐内化各种道德观念，比如带孩子乘车，先买票，然后排队上车，主动让座等。难怪德国虽然没人检票，但逃票的人很少见。

　　凯梅尔博士还特别指出，父母的言传身教是关键。这让记者想到一些身边的朋友，比如他们让孩子帮助做什么事时总是对孩子说："请你帮我……好吗"，"请你……好吗"，而不会说一些生硬的句子，或者强硬地命令孩子去做事。孩子做完了某件事，母亲总会说声"谢谢"。不管遇到什么事情，父母总会和孩子商量一下。例如，父子一起看电视时，如果父亲想换一个电视节目，总是先对孩子说："杰克，我们换个频道看好吗？"

　　当然，对于行为不文明的孩子，也有相应的惩罚措施。比如德国规定逃学儿童的家长将被罚款，严重的还会被判处监禁。

正看十字路口的指示灯，准备绿灯过马路。

　　这些年，德国行为文明教育硕果累累。据德国联邦健康教育中心统计，德国青少年烟民越来越少，青少年犯罪率也有所下降。德国有一句谚语："你怎样冲森林叫嚷，森林就会给你怎样的回声。"看来，德国行为文明教育已验证了这条"回声定律"。

乌克兰——乌鸦和狗的文化

婚礼奇俗

乌克兰男子多穿衬衫长裤，外罩坎肩。而妇女的传统服装大都呈流线型，样式很独特：一般只在紧身衬裙外罩一条羊毛短裙，衬裙上有各色图案；上身着深红色、绿色或蓝色天鹅绒或羊毛料的无袖上衣；上衣前襟部分交叠，在左边开襟，用扣子扣住，脚穿红色长靴；有的颈上挂好几串彩色珠子或项链。

这种独特的着装为乌克兰的婚礼增添了不少民俗气息。对乌克兰人来说，从说媒、相亲、订婚到婚礼，有一整套习俗。有专职的媒婆，常用"你家中有奇货，我手头有买主"来做开场白，探听口气。如果女方的父母同意这门亲事，就和媒人一起绕桌走3圈，再对神像画个"十"字，然后商谈相亲的事宜。

乌克兰人正式成亲之前，男方家长要双手端着盛有包子的托盘，来到女方家与亲家聚集一堂，为双方儿女的婚事做最后的商谈。如果女方不同意这门婚事，姑娘就将一个大南瓜放在众人面前，表示"拒婚"，男方家长便悄然辞去。这叫"定弦日"。

相亲这一天，媒人把小伙子及其父母带到

乌克兰一隅

姑娘家，见面后，姑娘的母亲端来一碗蜜糖水，如果小伙子一饮而尽，就表示他相中了否则，只用嘴唇沾一下杯子。相中后，就商定彩礼，彩礼一般包括首饰、衣服、家具、生活用品等。

乌鸦和狗的文化

在乌克兰有一句俗谣："天上乌鸦一片片，地上野狗一群群。"这的确形象。

乌克兰的乌鸦多得出奇，成片成片，个头也大，冬天在雪地上大摇大摆踱着方步，一派绅士风度。虽然在中国"吃"文化发达，但人们不喜欢乌鸦，除了鲁迅小说里的后羿给嫦娥做过"乌鸦炸酱面"（那也是迫不得已），还很少有吃乌鸦的记录。据说，有人在乌克兰尝试过，味道不好。与大片大片乌鸦相对照的，是成群结队的鸽子，秀色可餐，它们自然受到了格外的关照。

乌克兰的野狗也很多，可以说是成群结队。野狗起先是家狗。乌克兰人家家养狗，有的还养好几只，世界上什么品种的狗，在乌克兰都看得到。

在某种意义上，不了解乌克兰人和狗的感情，就根本不了解乌克兰人。他们每天早晚都要遛狗，尽管到了夏天，电梯里充斥着扑鼻的狗骚味。训狗有专门的训练员。训得好的狗，主人让干什么就干什么，

乌克兰野狗

非常文明。一天，中国学生看见路上一辆车撞了一条野狗，车主赶紧下

来，竟脱下自己的西服将狗包起来，抬到树阴下，场面实在令人感动。

餐饮礼仪

乌克兰的饮食习俗与东欧国家大致相同，以面食、稻米为主食，喜欢吃面包、面疙瘩、薄饼、猪肉、咸鱼和烤、煎、炸以及腌制的食品，口味偏重甜、酸，对油腻和微辣食物也能适应。常吃水果、白菜、黄瓜、干酪、西红柿和酸奶油等，常饮格瓦斯饮料（一种用面包酿制的饮料）、茶和咖啡，会饮白酒。当地居民还特别喜欢吃一种热气腾腾的甜馅饺子，即将奶渣或樱桃包在饺皮中，煮熟后略加酸奶油调料，十分可口。

招待客人时，菜肴较丰盛，而且还会事先询问或打听客人有什么要求，有何禁忌。用餐时很讲规矩，在用餐过程中不随意走动、指手画脚和高声说话。如果有人用刀叉敲击碗碟，会被及时加以制止。

乌克兰黑面包

主要禁忌

　　大多数居民忌讳 13 和星期五。乌克兰喜欢蓝色和黄色，对红色和白色也很感兴趣，但许多人对黑色不感兴趣。送礼时，注意不送菊花和枯萎的花，送花不要成偶数。过新年时，忌讳衣冠不整的不速之客光顾其家。

神秘的外国国宴

　　笔者曾在外交部礼宾司任职多年，又曾多次被派驻国外，出席大大小小的宴会是常事，而回国后亲朋好友最感兴趣、问得最多的，就是他们颇感神秘的各国国宴了。

　　外国国宴通常为晚宴，出席者 8 时到场，端杯聊天，常常于 9 时或 10 时入席进餐。出席国宴的人都着正式服装，按排定的席位入座。大家谈政治、谈友谊，当然也说天道地，天南海北。国宴一吃常常就是两三个小时，但饭菜却远比人们想象中简单。往往是少许冷盘，一道或二道热菜，一道甜食，外加面包和饮料随时应索提供，完全没有当年康熙老爷子大摆满汉全席时的阔绰与奢侈。

　　当然，饭菜简朴不代表"礼轻情不重"，实际上西式国宴特别注重礼仪，其功夫往往在饭菜之外。比如在瑞士，联邦政府主席为招待各国外交使节而举行的国宴，都是三菜一汤，加上一份甜食，但精明的主人善于用五彩缤纷的鲜花和美妙的音乐营造出一种温馨的气氛，让你有宾至如归之感。菜式的设计更是别出心裁，甜点上装饰有瑞士国旗图案，状若熊掌的蘑菇牛排看起来赏心悦目。瑞士的首都伯尔尼被誉为"熊城"，吃了这道菜，从肚子到脑子都再忘不了伯尔尼。

　　和崇尚简约的西式国宴不同，一些国家和地区非常注重以民族特色招待宾客。1970年4月周恩来总理访问朝鲜时，金日成主席就为他特设了"全狗午宴"款待。这"全狗午宴"的冷盘和热菜均从狗的浑身上下做文章：狗血肠、红烧狗肉、清炖狗肉、狗肉汤。烹饪方法不同，每道菜香而不腻，美味可口。另外，看似不起眼的泡菜也在朝鲜的国宴上扮演着不可或缺的角色。朝鲜泡菜风味独特，酸、辣、香、脆齐备，既下得普通百姓的厨房，也上得国宴的厅堂。

红烧肉

墨西哥国宴与朝鲜的"全狗宴"有异曲同工之妙。墨西哥人以玉米为主食，他们的国宴也是一盘盘玉米美食："托尔蒂亚"是将玉米面放在平底锅上烤出的薄饼，类似中国的春卷，"达科"是包着鸡丝、沙拉、洋葱、辣椒，用油炸过的玉米卷，最高档的"达科"干脆用蝗虫做馅，"蓬索"是用玉米粒加鱼、肉熬成的鲜汤。另外，在这个神奇的国家，米邦塔食用仙人掌有着久远的食用历史，用它做成的大菜也是墨西哥国宴上招待外国贵宾的一道主菜。

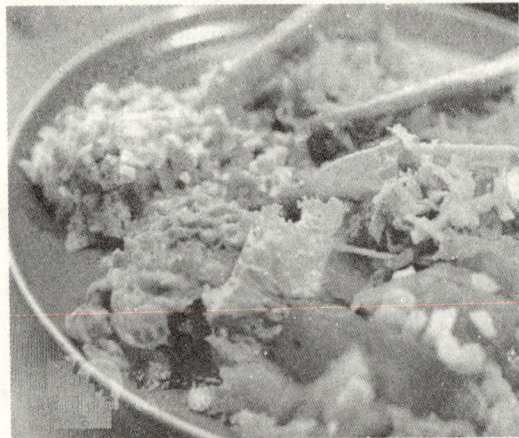

全狗宴

西班牙海洋渔业资源十分丰富，海鲜常作为国宴的美味佳肴。"巴爱雅"举世闻名，它实际上是一种用油炒过的大米加上各种海鲜或肉食作配料制作而成。政府高官常用此招待外国贵宾。

秘鲁以烤肉串作为国菜，尤以烤牛心、羊心、鸡心为主。烤前将肉串用酒、醋、盐、蒜、辣椒等原料腌拌数小时，烤时掌握好火候，烤出的肉串芳香四溢。

国宴说起来很严肃，其实不外是一种饮食文化与民风民情的展示。不同国家和民族文化背景不同，饮食习俗也千差万别，所以各国的国宴也因地因民族而异，五彩缤纷。

阿拉伯国家国宴最爱用、也最受欢迎的一道菜是烤全羊。烤熟的整羊放在桌上，旁边有切好的生洋葱和其他调味品，任客人持刀割肉自行享用。

非洲国家的国宴具有地方特色。非洲烤骆驼是一道国菜，马里外交部招待外国使节的大餐就是一道烤骆驼，那滋味不可言传，总之过口难忘。烤骆驼上席的时候还特别有趣：骆驼被掏空内脏，一只烤全羊会被置于骆驼腹中，一只烤鸡又含于全羊腹中，那烤鸡腹中又藏着一只烤鹌鹑，鹌鹑腹中含着一个鸡蛋。当客人开始品尝这烤骆驼之时，就好像在猜一道妙趣横生的连环谜题，主人的热情与幽默都在不言之中。

埃塞俄比亚的国宴多是生牛肉宴。生食的牛肉很鲜嫩，鲜血淋淋的牛肉最

烤肉串

受欢迎，吃法有两种：一是将剥去皮的整头牛劈成两半，挂在钩上，客人一手持刀一手拿盘，你爱吃什么自己动手去牛身上切，边切边蘸着作料吃，不加主食；另外一种是把牛肉绞成肉糜，拌上辣椒粉等调料装盘吃，

或用一种谷物做成的"英吉拉"薄饼裹着吃。海尔·塞拉西皇帝在位时宴请中国俞沛文大使以及后来埃塞俄比亚外长宴请杨守正大使，均以生牛肉宴款待，那情形真是盛情难却。

法国菜是西方国家中最负盛名的一种，而"巴黎牛排油炸土豆丝"又被誉为这个美食大国的国菜，每次都会被端上国宴台面。这菜妙在牛排半生半熟，肉呈红色，鲜美可口，土豆丝焦熟适度，嚼起来满口是香、风味独特。法国国宴上还常有名菜——烤蜗牛，它的制作很特别：将蜗牛肉同葱、蒜、洋葱一起捣碎，拌以黄油，调味之后，把肉塞回壳内，放在特制的瓷盘里，送进烤箱里烤。食用时油还冒着泡，香气扑鼻。

亚洲三国如何尽孝道

新春佳节，合家团圆，归心似箭的游子挤满火车。现时的中国，虽然"父母在，不远游"的古训已显过时，但回家"陪陪父母、尽尽孝道"依然是春节的重要内容。孝既是中华文化的核心理念，也深深植根于亚洲其他国家的文化之中。三位驻外记者调查发现，在成千上万中国人回家尽孝的同时，我们的亚洲邻居也在以自己的方式践行着孝道。

日本：常回家看看，礼物表孝心

日本

日本深受中国儒家文化的影响，江户时代为了普及孝道，在京都设有孝学堂，向民众传授孝道，现在京都上京区还有孝学堂的遗迹。

"常回家看看"，这是父母对儿女的希望，也是远离父母的儿女们孝敬父母的重要表现。

日本每年有三大节日，即五一黄金周、夏天的盂兰盆节和元旦，一般放假都在一周以上。长假开始时，赶着回家的人挤满新干线，如果不预订，买票都困难；高速公路更是堵得一塌糊涂，汽车像虫子一样爬行。这种现象在日本被称为"民族大移动"。

儿女回家的时候，一定会给父母献上礼物，或许并不贵重，一瓶酒，一包点心，一件普通的衣服，由于带着儿女浓浓的情意，父母都会感到万分高兴。当然也有贵重的礼物，记者前年到加须市平间富纪子家体验生活时，富纪子指着家里精致的笔记本电脑，说是远在东京的女儿送给父亲的礼物，价值20多万日元（约15.7日元等于1元人民币），为的是退休的父母每天可以看到女儿问候的邮件和照片。

在日本家庭，不少母亲是家庭主妇，父亲因为工作忙很少有时间顾家，孩子的成长全靠母亲。因此在母亲节时人们都要感谢母爱，用各种形式表在达对母亲的孝心和谢意。日本人送给母亲的礼物最多的是花，其中康乃馨占86%。日本的康乃馨由欧洲传来，经过日本专家的精心培育，目前有57个品种，人们可以选择不同颜色。颜色不同，愉悦心情的效果也不一样：红色使人昂扬，粉

康乃馨

色给人温馨，黄色令人心情舒畅，蓝色让人宁静，绿色充满生气。

除送花之外，日本人还要附加礼物和贺卡。有的人送太阳伞、太阳帽、手帕，因为母亲节过后是炎热的夏天；有的人送给母亲自己亲手做的工艺品，更能代表自己的心意；有的送钱包，让母亲一直带在身上睹物思人；有的送巧克力，代表儿女甜甜的爱。日本手机很普及，很多人给母亲发短信，加上可爱的图案，让母亲开心一笑。

应该指出的是，日本明治维新以后接受西方文化的影响，儒家的孝道也被赋予了新的内涵，这就是人格的独立。日本人生儿育女，不是为了防老，而是为了尽义务，老人在日常生活中尽量不给儿女们添麻烦。从儿女的角度来说，一旦成人就不会向父母伸手。父母与子女之间分得很清，有时反而让人感到亲情之间存在距离。

印度：宗教不同，孝道相通

百善孝为先，这在素有"宗教博物馆"之称的印度也不例外。在印度生活的外国人，一定会在不同的场合，看到过印度晚辈见到长辈时，弯腰触摸长辈的脚，表示敬意和爱戴，其虔诚的态度让人感动。

在印度，不论是哪个宗教都倡导尽心孝养父母，并将孝道纳入戒律之中，规定凡不尽心尽孝、供养父母者，皆为犯罪。

印度宗教

印度国际统一基金会主席阿尼博士说，印度各宗教都强调家庭观念，"印度各种族和各宗教信仰对孝的要求，在精神上是一样的。谈到孝的话题时，不同的民族和宗教信仰的人很容易取得一致的看法。"

阿尼所言不虚。近年来，一个正在发生的印度教孝子的故事，感动了无数不同信仰的印度人。

在印度南部海德拉巴，有一位双目失明的老妇人科萨克德维，是虔诚的印度教教徒。早年，她丈夫和两个儿子死于一场瘟疫，她把最后一个孩子布拉马赤里拉扯大。多年以来，科萨克德维一直希望能走遍印度全国的印度教寺庙。一天她把这个愿望告诉了儿子，孝顺的布拉马赤里听到后，决心帮助母亲圆梦。

1996年，布拉马赤里自己动手用树枝编了两个箩筐，母亲坐一头，衣物以及部分生活必需品放另一头，挑起箩筐开始了艰难之旅。母子俩有时要顶着烈日翻山越岭，有时要冒着风雨跨沟过河；找不到人家时只得露宿荒郊野外，为了防止野兽袭击，他必须为母亲"站岗"到天亮，胡乱打个盹后继续上路；没有吃的了，就采集路边的蘑菇和野菜充饥……

就这样，10多年来，凭着自己的双脚，布拉马赤里挑着母亲走了近8000公里。按照这样的速度，他挑着母亲完成朝圣的愿望要到2013年才能完成。

布拉马赤里的故事感动了整个印度，印度人称他为"虔诚的孝子"，布拉马赤里也希望用自己的行动宣扬孝道。他说："我的想法很简单，我希望每个人都关爱自己的父母。如果你不这么做，你的子女以后也不会好好对待你，那人生还有什么意义？"

泰国：修行报答父母，节日铭记先人

泰国是个佛教国家，宗教色彩渗入生活的各个方面。在孝道上，泰国人除了需要经常性地前往寺庙布施为父母祈福外，男子在成年之前还必须为报答父母的养育之恩而削发为僧一段时间，在此期间，修身养性，学习为人父母之道。

与中国传统不同的是，泰国男子在成家后通常必须负起照顾女方父母的责任，因此，男子离开父母建立新家前必须以出家的形式作为对父母恩

泰国房屋

情的回报。

泰国男孩子一般7岁以后出家当沙弥，或者在弱冠之年削发为僧。泰国传统佛教认为，男子在成年前出家修行是在为父母积德，可以让父母在身后上天堂。

出家前，泰国的父母们一般会为孩子准备一场宗教仪式。仪式上，出家者首先接受僧侣的削发礼，尔后跪拜父母，以感谢父母将他们养育成人的恩情。而在正式修行期间，出家者除了必须在寺庙学院内学习必要的宗教知识，还必须专门学习为人父母的一些知识，敬重父母自然是必学内容。

少则一周，多则一年，在修行一段时间后，出家者还俗时还要举行仪式，拜谢僧侣和父母。

泰国是中国的近邻，因此，许多敬重老人的中国传统文化也传入泰国，并且与当地文化相融合，成为泰国特有的风俗。

传统的中国春节如今也成了泰国人的节日。在除夕夜，泰国人一般都会在家里摆设祖先台，特别是一些老华人及其后裔，还必须严格按照中国传统的习俗，焚香设祭，在祖先牌位前跪拜祖先。

大年初一，泰国人也会像中国人一样去给长辈拜年。不过，与中国人不同的是，在初一拜年时，一方面泰国的父母要给孩子红包，另一方面有收入的成年人还得给父母红包，尊老爱幼的品德得以充分体现。

而在清明节前后，泰国也会出现像现在中国一样的汽车长龙去扫墓的场景。人们会纷纷请假前往祖先的墓园去怀念和拜祭，果品和点心是必需的祭品。

在4月中旬泰国传统新年宋干节，敬老的习俗进一步体现出来。在这一天，孩子们必须给父母施"点福水礼"，也就是用一枝蘸着特殊香水的荷花点在父母的头上，寓意祈祷父母来年身体健康，诸事顺利。

如果父母亡故，泰国人通常必须等到子女齐聚榻前后才能将父母的遗体火化。泰国人认为，这是对父母尽孝的最后一件要事，可以让父母在升天前没有牵挂。

此外，每年12月5日的父亲节和8月12日的母亲节更是孩子们宴请父母的日子。在这一天，泰国人大多会在外宴请父母，异地的子女则会购买礼物赠送长辈。

事实上，在泰国社会，以礼尊老算是整个民族的特点，用孟子那句"老吾老，以及人之老"来描述非常恰当。这一点，从泰国人说话时的习惯就可见一斑。

泰语中包括一些敬语助词，人称称谓也因说话对象身份的高低而不同，类似中国的"你"和"您"之分，但要复杂许多。泰国儿童从小就接受着敬语教育，家长会让他们养成对长辈使用敬语的习惯。因此，无论在泰国的城市与乡村，孩子们一开口便是令人感到受尊重的敬语。

这一口头习惯虽然只表现在简单的词汇上，但从一个旁观者的角度看，泰国人的对话却充满了融洽与尊重。

北欧不流行女士优先

如果你听到这样一个忠告："这里不流行女士优先，所以没必要去帮女士提行李、为女士开门，更不要在拥挤的公交车上给女士让座，否则你会被认为不够尊重女性。"那么，你就到达了北欧，这个世界上男女平等程度最高的地区。

据记者观察，北欧男人往往包容性很强，性格也普遍温和，但女性则一直是较为豪爽与粗犷，一副"谁说女子不如男"的架势。北欧女人的这种特点和这一地区的历史是分不开的。据说在古代，北欧的男人要么出门做工、做生意，要么是去打仗，还有的人甚至当上了海盗，这样一来，把本来甘于平淡生活的女人们逼上了"第一线"。小到家庭琐事，大到农场经营，抛头露面的活儿一件也少不了操心。时间一长，北欧女人便在实干中逐渐顶起了半边天。

北欧的男士

更有趣的是，有些人干脆把妇女地位和地理位置联系在一起。据分析，地球上纬度越高的地方女权也往往越强。这大概是因为在气候暖和的地方，往往农业发展较早，父系制的社会观念也就越根深蒂固。另外，越往北走气候条件越差，男人要经常外出寻找生存机会，使女性多了独立自主的空间，这点尤其以北极圈内的冰岛最典型。

如今，北欧女性早已在政治、经济、文化各领域"登堂入室"。近年来，挪威首相、冰岛总统、芬兰总统都曾经或正在由女性担任，而北欧各国政府、议会中的女部长、女议员更是占据了半壁江山……"政坛玫瑰"，成为北欧人形容这些政界女强人的流行词汇。不过如果把她们看成"穿着裙子的男人"，那就大错特错了。以芬兰现任总统塔里娅·哈洛宁为例，她不仅穿着非常女性化，而且讲话时的语气也女人味十足，就像个邻家大姐。刚进入政坛时，哈洛宁还曾因受批评哭过鼻子。不过正是这种率真个性使她成为芬兰最受欢迎的女政治家。

此外，北欧体育界也存在着"阴盛阳衰"的现象。在奥运会等大型赛事中，女运动员的成绩往往要好于男运动员。在挪威，女足的注册会员甚至超过男足。到北欧旅游的人，往往会发出一种感叹："他们的男人都到哪里去了？"

记者听说，有位女士在和丈夫离婚后抱怨说："他有些娘娘腔，比如会在卧室里拍平枕头哄孩子睡觉，还会打电话问我是否给刚摔了一跤的孩子贴创

北欧的女士

可贴……他已经不是我心目中的男子汉了。"对此，北欧男人们倒是一肚子委屈："如果我们太'硬汉'，女人会认为我们对她们不够尊重；我们尊重了女人，她们却又嫌我们太温柔。"

难怪一个瑞典小伙子对记者感慨地说，要做一个合格的北欧男人，既要懂得呵护"铿锵玫瑰"的美，也要时刻小心被她们刺到，真是不容易。

第六章　香味诱人的饮食文化

法国餐厅的奇特习俗

法国人吃饭的时间之长，恐怕是很多国内的朋友难以想象的。一顿午餐可以吃两三个小时，晚餐则可能从晚上 8 点吃到午夜之后。一天有这么多时间花在饭桌上，就餐环境自然十分重要了。

虽然挤，但比较注重高雅

笔者在法国去过一些大大小小的饭店，总的一个感觉是，大的饭店讲究高雅，小的饭店注重特色。同国内饭店相比，法国的餐厅都不算大，一般有六七十个座位就算颇具规模的。这些饭店或是宾馆的内设餐厅，或是自成一体，往往位于繁华闹市。比如，香榭丽舍大街附近有一家高尔斯王子宾馆，其餐厅同北京亚运村一带的许多餐厅规模差不多，但非常富丽高雅。文艺复兴时期的壁画、凡尔赛宫式的大吊灯、古希腊的地毯，让客人们在解馋之余还大饱眼福。

对于那些路边的小馆子来讲，如何在特色与情调上"出彩"是其吸引顾客的重要因素。同国内的餐馆相比，法国馆子的座位特别挤。一张桌子往往只能摆下两张盘子，桌子间的距离恨不得只容一个人侧身通过。记者

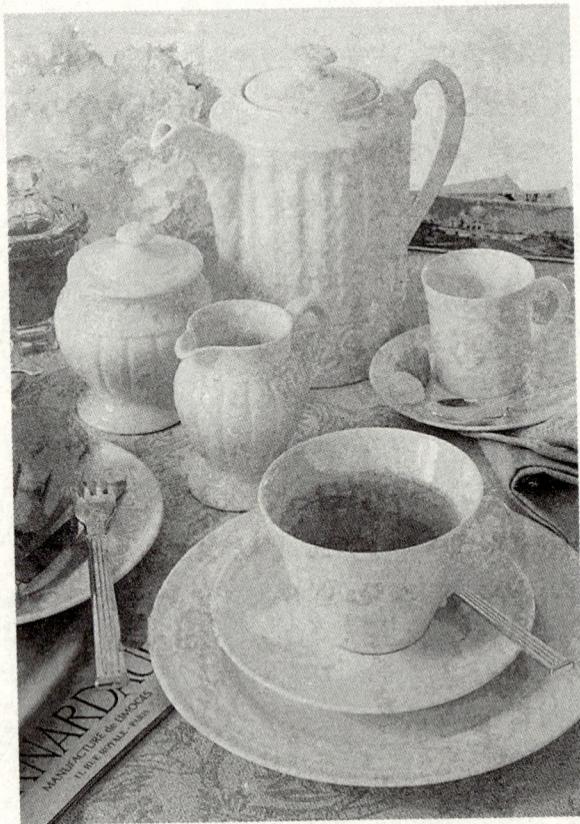

就餐环境

的公寓下有一个名叫"艺术家之家"的小馆子便是如此，客人必须将桌子暂时推出来后才能挤到最里面的一排凳子上去。不过，既然叫"艺术家之家"，小馆子自有它的独到之处。馆子内的四面墙上贴满了各式各样的旧海报，其中不乏知名电影演员和画家等人物的照片。此外，有一面墙上还挂着世界各国的街道牌子。最让人称绝的是，小馆子的天花板上竟挂着几个滑水的帆板，上面还伏着几只假蝎子。如此设计，可谓独具特色了。

服务员要不停地擦餐具

　　除就餐环境外，法国人对餐具的使用和摆放也十分讲究。欧洲人的就餐习惯差不多，但法国人无疑最为挑剔。大小不同的盘子和碗有不同用场，高脚杯和圆肚杯用来喝不同的酒水，吃牛肉和吃鱼的刀子不同，还有专门为吃海鲜准备的小叉子。

　　值得称道的是，法国餐厅对餐具的卫生条件要求很高，盘子和刀叉要清洗和消毒后才能上桌。单就餐具的摆放时间来说，法国和中国没什么两样，不管有人没人，餐具都先摆在桌上。但有一点和国内大不相同，那就是法国餐厅的服务员要不停地擦拭这些餐具，以免落上灰尘。由于法国人极其重视品酒这个环节，餐厅的酒杯处理也堪称一绝。酒杯在使用前要擦得滴水不沾，而且还要锃亮光洁，因为品酒时不仅要闻酒的味道，还要看酒的反光度。为此，餐厅服务员最重要的一项任务，便是用一张白布不停地擦拭一个个酒杯，然后将它倒扣在桌上，以避免灰尘。

除了餐具讲究外，法国餐馆的桌布也值得一提。和国内一些餐厅使用的薄塑料布以及反复使用的桌布不同的是，法国餐厅的桌布一般使用质地较好的纤维纸，而且是一次性使用。需要注意的是，法国餐厅的餐桌上一定摆有桌布。如果你走到餐厅里发现那里没有摆桌布，就说明这张桌子是用来喝咖啡的，而不是用来吃饭的。

侍者各司其职，千万不能叫错

在国内的餐厅里吃饭，往往打个手势会招来几个服务员，在法国则大不相同。由于法国的人工昂贵，餐厅里的服务员比国内相对少了许多，一个服务生一般要负责十几张桌子，甚至更多。如果有急事要办，最好不要到法式餐厅去吃饭，因为这顿饭吃完后恐怕"黄花菜都凉了"。据巴黎的一家中餐馆老板说，中餐馆的一张桌子一个晚上可以接待三四批客人，而法式餐馆最多不超过两批。或许，这也是法国人吃饭动作

法式餐厅

慢的原因之一吧。

规模较大的餐厅里也有不少服务员，但并不是见人都可以使唤的。不同衣着的服务员负责的工作不同，有的只管埋单，有的只管上菜，有的则只负责给客人安排座位。如果你要催菜，跟埋单的服务员打招呼是不管用的。

这套"等级制度"看起来颇为繁琐，也有些没必要，但却是法国餐厅服务标准化的反映，这在一些高级餐厅里尤其重要。记者不久前受邀到阿尔卑斯山脚下的旅游胜地沙木尼做客，品尝了当地最著名的厨师波埃尔·贝里的手艺。贝里的饭店在米其林餐厅等级中被列为二星级饭店，在法国享有盛誉。虽然那里的菜价不菲，但服务极佳。为了给客人营造气氛，四五个服务员会同时为一个桌子上的客人上菜，并在"一二三"的口令下同时揭开有盖的菜肴。同其他的餐厅一样，贝里饭店的服务员也各司其职，分工明确。不过，那里还有一名品酒师，专门向客人推荐餐厅的各种葡萄酒。我们吃了半天，才发现他的工作服上别着一个葡萄串状的胸花，原来这就是法国餐厅里品酒师的特别标志。

德国人的奇特饮食

天下之大无奇不有，令人作呕的蛆竟然上了德国人的菜谱，成为大受欢迎的盘中美食。日前，一家名不见经传的德国餐馆把恶心的蛆搬上菜谱，别出心裁地推出美味绝伦的"蛆大餐"。

这家隆重推出"蛆大餐"的德国餐馆名叫"埃斯皮塔斯"，坐落在德国的德累斯顿市，可以说是一家名不见经传的小餐馆。

不久前，这家不起眼的小餐馆竟然出人意料地把令人恶心的"蛆"搬上了菜谱，别出心裁地创造出许多以蛆为主的美味，如蛆冰淇淋、蛆色拉、蛆鸡尾酒等，让德国人耳目一新，顿时成为大受德国人欢迎的盘中餐。

全球独此一家别无分号

这家餐馆的主人亚历山大·沃尔夫说："据我所知，我们是世界上第一家专门做'蛆大餐'的餐馆。大约在一个月前，因为朋友的一句玩笑话，我突然灵机一动，把人人讨厌的蛆列入餐馆的食谱，但我做梦也没想到'蛆大餐'竟然取得出人意料的成功！由于客人们口碑相传，我们餐馆的生意好得出奇，几周之内都预订一空，还有许多人排队等着一饱口福！"

财源滚滚的沃尔夫眉开眼笑地说："一开始，绝大部分客人都感到恶心，但出于好奇或碍于面子，许多人硬着头皮大胆一试，仿佛吃毒药一般。然而品尝之后，他们都对蛆的味道赞不绝口，简直感到不可思议！很多人一发不可收拾竟然上了瘾，成为餐馆的回头客频繁光顾，通常还会带来更多凑热闹的朋友。"

17岁的漂亮姑娘莎拉·雅朱比说："以前我很讨厌蛆，但在朋友的鼎力推荐下，我斗胆尝试了一下，却没想到马上就喜欢上了它。那像薯片一样清脆的'炸蛆'，味道有点像果仁，但中间却像豆腐一样柔软，还含有少量的肉汁，味道真是好极了！"

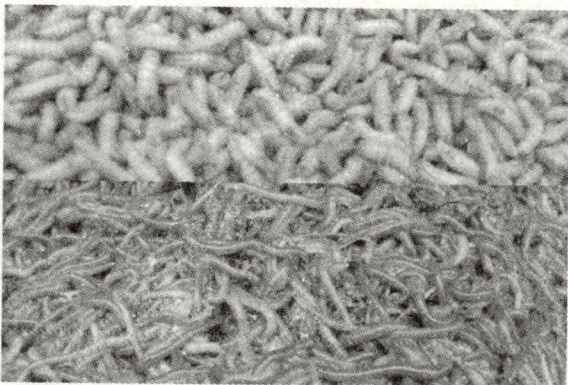

蛆

花样繁多令人耳目一新

据称，这家餐馆的"蛆"不是德国"土产货"，而是全部从墨西哥进口的"高档蛆"。沃尔夫拍着胸脯说："这种'进口蛆'营养价值高、口味绝对好！"

他说："我们花了很多心思，创造出很多令人耳目一新的花样：如蛆色拉、油炸蛆、牛肉蛆汤、蛆冰淇淋、蛆巧克力沙司等。当然，我们还推出了口味独特的蛆鸡尾酒，让许多馋酒的人大呼过瘾！"野心勃勃的沃尔夫透露说，鉴于"蛆大餐"一炮打响，他打算"趁热打铁"，很快推出下一个特色项目——一种传统的墨西哥美食：多种口味的蚂蚁和蚱蜢！

受欢迎的多哥鼠肉

在非洲西部的多哥，人们喜欢吃鼠肉的饮食偏好说起来有些吓人，但对当地人来说，这种饮食的意义不仅仅在于"吃"，更在于享受捕猎和烹饪过程中的乐趣。

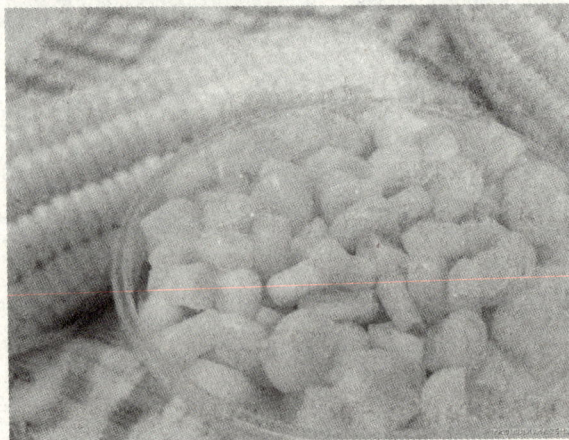

玉米

多哥位于非洲西部，南濒几内亚湾，西与加纳相邻，东邻贝宁，北与布基纳法索交界。海岸线短而平直，全境狭长，一半以上为丘陵和沟谷地带。南部为滨海平原，沿海有沼泽、泻湖和沙洲；中部为高原，由南北向山地纵贯，还有海拔五六百米的阿塔科拉山高地；北部为奥蒂河平原。

在这个联合国公布的世界最不发达国家之一。农产品是三大支柱产业之首。全国七成的劳动人口从事农业，粮食作物主要为玉米、高粱、木薯和稻米。

玉米是幸福和财富

玉米在整个多哥境内都是举足轻重的粮食来源，在多哥人的生活中扮演着极其重要的角色，因此它一度被请进了多哥国徽。

原产于南美的玉米似乎特别适宜多哥的气候水土，因此很快成了多哥人喜爱的食品，在多哥北部阿塔克拉山区的坦姆博尔马族人心目中，它更是幸福和财富的象征。在5年一度的村长、乡长、县长等地方选举中，候选人常常要被选民们问及"你有几亩玉米"，而各家储藏室里的干玉米棒，也成为主人向外炫富的最好证明。

鼠肉

对于未婚青年来说，玉米还关系到终身幸福。比如坦姆博尔马族青年自定情之日起，直到正式举办婚礼前，求婚男性每年都必须到女方家玉米地义务劳动，少则 7 天，多则 15 天。而得到女方"可以求婚"暗示的男方家庭，则必须在期限内备齐 21 篓最好的玉米，由家长亲自送到女方家中，这时女方家长表示"可以喝玉米酒了"，这才意味着婚事得到首肯，可以为婚礼进行准备了。新娘向客人逐一敬上玉米酒更是婚礼必不可少的礼节。由于酿造玉米酒要耗费大量玉米，因此一般家庭只能在婚礼等庆典场合才舍得开怀畅饮。

鼠肉是受欢迎的食物

在多数人看来，老鼠是一种不大受欢迎的动物。但在西非，鼠肉却是一种非常受欢迎的食物，生活在多哥城市里的居民到商店就能买到。多哥的人们喜欢吃鼠肉的饮食偏好说起来有些吓人，但对当地人来说，其意义不仅在于吃，还有一种享受捕猎和烹饪过程的乐趣在内。

在多哥一个名为凯特姆的小村，这里的人们更将鼠肉视为美味佳肴。西尔韦纳斯就是当地捕猎老鼠的能手之一。通常在捕猎老鼠的时候，西尔韦纳斯会同伙伴们分工协作。他们在找到有可能藏着老鼠的地洞后，为了防止老鼠逃走，得有人堵住出口，然后从地面将洞挖开，捕抓老鼠。西尔韦纳斯的猎物大多是体重超过 6 磅的大老鼠，堪称"硕鼠"。

接下来，猎手们便开始烹调、享用他们的猎物了。鼠肉营养丰富，味道也很鲜美，但对于西尔韦纳斯和伙伴们来说，这并不是最重要的。西尔韦纳斯说，猎鼠需要大家分工合作，这激发了每个人的合作精神与大局意识，而捕猎、烹调与食用的过程具有很大的挑战性，能让人充满斗志。

饮食与礼仪

多哥人设家宴款待客人，多用传统饭菜和自家酿制的棕榈酒招待。如同其他许多非洲国家一样，多哥人待客的菜肴中最著名的也是烤全羊。一只肥嫩的羔羊，现场宰杀，炭火烘烤，外焦里嫩，香味四溢，盛入大盆，众人围坐，宾主共食。

进餐结束时，主人还未离席，客人则应当静坐等候。离席前，客人要再三感谢主人的盛情款待，并且要多次赞美饭菜的味

棕榈酒

道好极啦，要表白自己从来没有像今天这样过得如此开心。饭后，主人还会捧出一些当地的水果请客人品尝，继续进行亲切友好的谈话。

分别时，主人大多要率全家人将客人送出一段很长的距离，握手道别时还要向客人赠送一些自产的水果和其他的土特产作为朋友间的礼物，然后挥手告别。

马拉维人把白蚁当肉吃

居住在东非大裂谷南端的马拉维人有一种奇特的饮食爱好，他们最喜欢的食物，居然是小小的白蚁。

适宜白蚁生存

白蚁可是在害虫榜上臭名昭著的家伙，这些6条腿、4个翅膀的小虫能啃倒大树、蛀食房屋，搅得好端端的城市、社区鸡犬不宁，甚至惹出大祸，像"千里之堤，溃于蚁穴"这类触目惊心的成语，都无时无刻不在警

示着人们，要提防这些看上去不起眼的小虫。防蚁灭蚁是很多城市常抓不懈的工作，有些国家和地区还成立了专门的灭白蚁研究所和灭白蚁队。

在马拉维却大不相同，这里的白蚁非但没有被人贬斥、痛骂，反倒备受青睐。不少农村甚至有个不成文的规定，每年春夏季节不得下地干活，理由居然是保护白蚁——因为那是白蚁繁殖的季节。

马拉维地处热带山地草原，温度、湿度都特别适宜白蚁生存繁衍，这里的白蚁巢穴常常高达数米，有的甚至如小城堡般壮观。当地居民多住在草屋、土屋里，白蚁一般不蛀这些建筑，就算偶尔蛀了，重修也轻而易举，所以当地人并不把白蚁的"祸害"当多大的事。

抓白蚁有绝招

这白蚁可是送上门来的肥肉：马拉维并不富裕，当地人的饮食主要以玉米饭、玉米糊为主，能吃到的肉食很少，白蚁个头虽小了点儿，但蛋白质含量特别丰富，正可弥补马拉维人营养和热量不足的缺憾。而且它们繁殖能力强，数量多得数也数不清，不吃它们吃什么？根据马拉维人世代相传的规矩，昆虫是不能吃的，只有白蚁和蝗虫例外。

白蚁

马拉维人讲究不"竭泽而渔"，通常不会采用直捣白蚁老窝那样杀鸡取卵的笨办法，他们往往会趁每年七八月雨季来临时，在自家小屋桌上点一盏油灯。早已厌倦了潮湿环境的白蚁群会因为趋光的本能前仆后继地扑向油灯，并迅速被灯火烧掉翅膀。这些掉了翅膀的白蚁便会如下雨一般纷纷掉落在桌面，随便一扫就是一碗。

油炸、生吃都可以

当地人吃白蚁的方法花样百出：有直接把生白蚁放在嘴里嘎巴嘎巴嚼的，还有用油爆了吃的，这些大约可以算是零食；有些则将白蚁晒干，用盐炒了当"咸菜"；或者把白蚁干和玉米面掺在一起，或蒸或煮，再浇上特制的卤汁，这大约要算正餐了。

马拉维人慷慨爽直，当然不会只顾自己享用美食。在首都利隆圭，许多风味餐馆都提供白蚁大餐，用精美的餐具将一道道以白蚁为主料的美食奉在嘉宾桌前。他们甚至将白蚁大餐放到旅游网站上隆重介绍，希望这种上了大席的白蚁佳肴能得到外国游客的垂青。不过目前看来，这一旅游推广计划仍任重而道远：如果第一个吃螃蟹需要勇气的话，第一个吃白蚁又何尝不需要呢？

第七章 大千世界的奇风异俗

让你发狂的巴厘岛

巴厘岛想必大家都不陌生了，说起巴厘岛的别称，可能很多人都能说出几个："神明之岛"、"恶魔之岛"、"罗曼斯岛"、"绮丽之岛"、"天堂之岛"和"魔幻之岛"……这些别称都是根据巴厘岛的特色而来，但有人能说全吗？我觉得可能不会，因为它实在是太多了。

千万不要把巴厘岛的悠闲气氛带回国内，因为你会在很长一段时间内都无法安心投入到工作中去，而且总是自言自语："我什么时候找机会再去一次？"

正是由于巴厘岛的万种风情，绮丽奇景，使它还享有很多别称，如"神明之岛"、"恶魔之

花

岛"、"罗曼斯岛"、"绮丽之岛"、"天堂之岛"和"魔幻之岛"等。

这里地处热带，且受海洋的影响，气候温和多雨，土壤十分肥沃，四季绿水青山，万花烂漫，林木参天。

而巴厘人又生性爱花，处处用花来装饰，因此，岛上的人们称此岛为"花之岛"。岛上居民主要供奉三大天神（梵天、毗湿奴、湿婆神）和佛教的释迦牟尼，全岛有庙宇 12.5 万多座，因此，该岛又有"千寺之岛"之称。

巴厘岛不但天然景色优美迷人，其文化和社会风俗习惯的丰富多彩也闻名于世。巴厘人的古典舞蹈典雅多姿，在世界舞蹈艺术中具有独特的地位，也是印尼民族舞蹈中一朵奇葩。其中，狮子与剑舞最具代表性。巴厘岛的雕刻（木雕、石雕）、绘画和手工艺品也以其精湛的

巴厘岛风光

技艺、独特的风格闻名遐迩。在岛上处处可见木石的精美雕像和浮雕，因此，该岛又有"艺术之岛"之誉。

巴厘岛是印尼手工艺术品的盛产地，尤其木雕更是其中的佼佼者。

例如马斯就是巴厘岛木雕之乡，这里集中着巴厘岛最优秀的雕刻师。一些占地不小的艺廊展示着他们的作品。你可以亲眼看到雕刻师现场展示手艺，另有一群妇女在一旁做细部磨研；也可以比较各种木质的雕刻，增加些自然常识。他们同时还出售部分作品。由于浓郁的地方色彩，因此，巴厘岛又有"诗之岛"、"东方的希腊"的美称。

展示的工艺品主题以神话人物及传统居民的生活风貌为主，还有较大

型的家具如全套桌椅等，形形色色。不过如果你只想购买一些便宜的小雕饰物，最好还是到其他风景区的小店购买比较便宜，价格毕竟和木材的材质以及雕工的细腻度有关。

值得一提的是，巴厘岛是猴子的天堂，猴子在这里的生活甚至比人都惬意。在巴厘岛中部，更有著名的猴子庙，那里的猴子成群结队。

猴子

其实海岛都是一样的，不管它位于太平洋还是印度洋，但不一样的是当地的风土人情和当地的生活氛围。在巴厘岛你能时刻体会到的就是悠闲自在、无拘无束和与世无争，你会把什么烦恼都抛在脑后，身心得到彻底放松。在这里玩，不要老想着给亲戚朋友买多少东西，出来度假，就是放松身心的，不要被购物所累，你在巴厘岛要做的，就是享受多彩人生，有兴趣的话你也给它起个有意思的别称吧。

英国最胖街和最瘦街

大千世界，无奇不有。不仅人有胖瘦之分，就连街道也开始评起了环肥燕瘦。英国科学家日前根据调查，评出了英国"最胖"和"最瘦"的大街。顾名思义，在这两条街上分别云集了英国最多的胖子和瘦子，并且这两条街都在英国首都伦敦。这其中的缘由不仅是饮食习惯的差异，背后还存在着更深刻的社会阶层区分。

最胖街：吃高热量食物是传统

"最胖街"位于伦敦北部伊士灵顿的橡树街。在这条居住着130多户居民的街上，来来往往的当地人中绝大多数都是胖子。英国科学家近期描绘出英国第一张"肥胖地图"，橡树街的名字赫然出现在地图上。他们中无论男女，腰围基本都超过常人一到两倍。虽然当今世界以瘦为美，但橡树街的女孩子们好像就没有减肥的意识。本应纤细的腰部布满大量赘肉，可她们丝毫不顾及，仍然穿吊带、短款或低腰的衣服。麦迪逊在橡树街住了15年。她目前的体重有95千克，她的两个孩子也已经超重。麦迪逊说她害怕称体重，仿佛只有在满是肥胖人口的大街上才能找到一些"安慰"。

英国伦敦地区的街道普遍狭窄，大概只够一辆汽车通过，一般三四个人并排走问题不大，但这个宽度对于橡树街的人们来说就成问题了，因为这样的街道几乎成了单行道，一个人过去绰绰有余，但两个人想要擦身而过就要困难许多。不过胖归胖，绅士风度还是有的。在这条

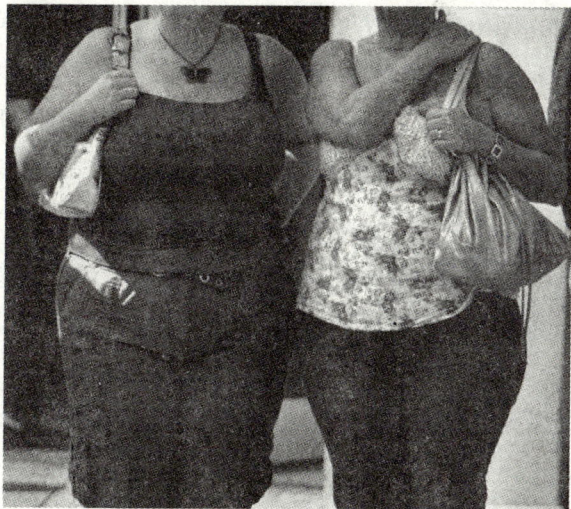

体胖的人

街上常常能看到有男士早早就侧过身来，为远处走来的女士让道，两人擦身而过时还会礼貌性地寒暄一两句："街道太窄了，不是吗？"

橡树街为什么出胖子？其实这同英国的工业革命有关。在曾是伦敦采矿城的伊士灵顿，大量男性曾在条件艰苦的矿井采煤。由于矿井工作十分辛苦，能量消耗大，矿工和他们的家属不仅需要多进食，而且通常食用的

都是富含碳水化合物的高热量食品。像在喝英国红茶的时候要加牛奶，就是从那个时候留下来的传统，其实这个习惯最初的目的只是为了增加能量。几十年前，石油替代煤炭成为英国主要的燃料，这里的煤矿开采业也逐渐萎缩。虽然生活条件逐渐转好，但当地人爱吃高热量食品的习惯却像英国红茶加奶的传统一样保留了下来。再加上有些矿工由于矿井关闭而失业，一下子从繁重的体力劳动到没有任何体力消耗，肥胖就一下子成为困扰这个地区的普遍现象。

最瘦街：健身锻炼成风气

和橡树街相反，在伦敦西南部的肯辛顿区，一条叫圣玛丽门的大街被评为英国"最瘦街"。圣玛丽门大街一带的肥胖率要比英国平均指数低了37%。38岁体重仅44千克的奥尔加·迪亚斯说她经常运动，每周会去健身中心两次，有时会去海德公园慢跑，有时爬山或骑自行车去新福里斯特。如果需要吃汉堡，也一定会辅配一些新鲜蔬菜。在圣玛丽门大街和附近地区的街道和公园里，经常可以看到跑步锻炼的人们，这个生活区内的各种健身场所也为他们提供了锻炼的好机会。很多人为了健康选择做素食主义者，或选择更加健康的有机食品。

肯辛顿区虽然离市中心十分近，但由于周围聚拢着肯辛顿花园和海德公园等几个大型市内公园，因此成为闹市中安静的一隅。肯辛顿宫是戴安娜王妃生前的寝宫，另外伦敦西区影院、画廊林立，音乐厅、博物馆比比皆是，吸引了不少文人墨客和艺术人士前来，也使得不少有钱人都选择在这个区域安家。生活在这里的人们大多受过良好的教育，有着令人羡慕的工作，因此健康意识也非常强。

胖瘦之分体现南北差异

从橡树街到圣玛丽门大街坐地铁只需40分钟的时间，但两处居民的身材却有天壤之别。英国的科学家和社会学家认为，橡树街和圣玛丽门大街正体现出了英国南北的巨大差异。北部寒冷，较贫穷，曾是工业城市，因此是居民相对肥胖的地区；相比之下，富裕的英格兰东南部地区，瘦人则要多一些。

不过，肥胖问题早已成为英国的社会问题，英国政府采取了多种措施，如在学校引入健康午餐、投入大量资金进行健康宣传，希望可以降低肥胖人口增长的速度。

各国新奇的健身方式

休闲健身的方式，不仅属于个人的兴趣与爱好，而且在一定程度上体现出民族的文化特征。纵观世界各国，各种时尚健身活动五花八门，令人目不暇接，其中不乏值得借鉴者。

法国人：旱冰滑到大街上

法国人酷爱滑旱冰，春季更是旱冰一族大显身手的时候，他们在人行道上轻松自如地滑行前进，成为大街小巷一道亮丽的风景线。据统计，法国滑旱冰的人已达到 2000 万人。29 岁的安妮是一位教师，她穿上旱冰鞋从家里滑行到上班地点只需 3 分钟，恰恰与乘地铁的时

滑旱冰

间相等，她于 5 年前开始爱上这项运动，从此再也离不开。她说："滑旱冰能够锻炼我的意志，展示我娇美如燕的身姿，引得路人羡慕不已，真让

我高兴。"

加拿大人：学鸭子在水里扑腾

确切地说，应该是在水中练习跑步，这是加拿大人的"发明"。水中跑步虽然"跑得气喘吁吁"，却很难跑动。练习者垂直悬浮于水中，鼻孔仅比水面稍高一些，手脚在水中猛烈划动，好像鸭子在水中扑腾，样子笨拙可笑。

鸵鸟

与地面跑步相比，水中跑步有诸多好处。在地面上，每跑1千米，跑步者的两只脚就得撞击地面六七百次，脚部、膝部和臀部都会受到震动，容易扭伤肌肉或者拉伤韧带，而在深水中，跑步者下肢不受震荡，因而不易受伤，运动过后会有通体舒坦之感。另外，水中的阻力是空气阻力的4～10倍，在水中跑45分钟，相当于在地面上跑2个小时以上。目前这项新型休闲健身运动正受到越来越多的人垂青，仅在首都渥太华，每天参加此项运动的人就超过3000人，其中一半是15～30岁的青年人。

澳大利亚人：与鸵鸟一起休闲

鸵鸟在澳大利亚被誉为"国鸟"。近年来澳大利亚人屡发奇想，设计出种种与鸵鸟为伴的休闲健身项目，令世人瞩目。最受欢迎的莫过于乘鸵鸟拉的四轮车在原野上兜风。新鲜的空气、温暖的阳光和满眼绿意使人心旷神怡，从而收到醒脑健身之效。

另外一些澳大利亚人干脆与鸵鸟赛跑，"陪跑"的鸵鸟会耐心地陪着主人做长跑训练，大大减少了在长跑中的寂寞，增加了新鲜感。

美国人：静思冥想健身美容

一种简单的休闲方法——静思冥想，使人在恬静的气氛中修身养性，既美容又健美。这是近年来在美国新建的"环保度假村"里出现的新鲜事。在这种被称为"绿色天堂"的环境中，没有设置任何具有刺激性的或需要剧烈运动的体育、游乐活动设施，而是提倡人们静思冥想。专家称此法是松弛思想的一种特殊运动，是专门针对快节奏生活给人们带来的疲劳而设计的，可以有效地消除疲劳，使左右脑获得平衡，预防和治疗疾病，进而获得美容健身的双重效果。

印度人把咖喱当药吃

对于印度人来说，咖喱不仅是一种食物，还是可以带到他乡的"信物"。记者有一位印度朋友在上海做生意，他每次来中国前，都要采购大量咖喱粉和咖喱食品。记者对此很不解，便问他："超市什么都有，你还带这些东西干什么？""当然有必要了，我们印度人可以不吃饭，但不可以不吃咖喱。"他不假思索地说出了"空运"咖喱的理由。

释迦牟尼曾用咖喱治病

在印度生活久了，才逐渐了解到，印度人之所以对咖喱"爱之入骨"，并不仅仅因为其辛辣刺激的味道，其独特的药用价值，才是真正的可贵之处。

在印度传说中，佛祖释迦牟尼曾教人用树草的果实来调配长生不老药，并以其当初传教的地名"咖喱"作为这灵药的名称，所以释迦牟尼被认为是第一个做咖喱的人。但也有资料显示，"咖喱"一词源自印度南方语言泰米尔语，意思为"许多香料混在一起烹煮"。不管怎么说，地道的印度咖喱以丁香、小茴香子、胡荽子、芥末子、黄姜粉和辣椒等香料调制而成，其中黄姜是主料。正因为荟萃各种草本原料精制而成，所以咖喱的药用价值极高。

咖喱可以抵御感冒

全球第一篇关于咖喱药用价值的研究文章发表于 1970 年，到现在为止，在医学文献检索系统上已有 1700 篇研究文章。可以说，咖喱的药用价值已经引起了全世界的关注。

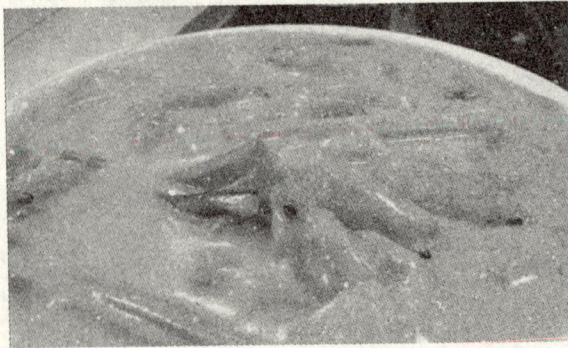

咖喱食品

去年冬天，欧美地区暴发大规模流感。英国一名流行病学专家开出一个独特的药方——咖喱食品。他解释说，辛辣的食物能够增加病人"鼻腔黏液的分泌量"，而黏液越多，病人就越容易康复。一位印度医生说，流感很难在印度流行，就是因为人们天天吃咖喱，把流感消灭在了萌芽状态。

172

咖喱让人更聪明

科学家发现，咖喱粉中的一种叫做"姜黄素"的成分，能够抑制人体某些部位癌细胞的生长。使用"姜黄素"配合化疗，可以有效抑制乳腺癌等癌细胞的扩散。此外，印度的老年痴呆发病率远远低于其他国家，也与咖喱有密切关系。2006 年 11 月，新加坡国立大学的一项研究发现，吃咖喱可防止老人智力退化。有一个印度医生就和记者说过，印度女人长得漂亮，和吃咖喱有很大关系；男性常吃咖喱，可以降低患前列腺炎的风险；小孩常吃咖喱，可以提高记忆力……

日本搞笑也疯狂

据说在日本，搞笑产业的总产值已经可以与高科技行业相媲美。除了电视这个传播媒体的推动外，成熟的商业运作、观众们对搞笑这种娱乐形式的需要，成就了这个不一般的行业。

最近，有媒体报道称，日本搞笑产业的年总产值已高达两万亿日元，如果加上周边产业，则将近 4 万亿日元，几乎可以与日本的高科技产业相匹敌。

这听起来委实有点匪夷所思，因为高科技产业含金量高，利润巨大，是日本"经济大国"形象的一大标志，怎么就与这个从字面意思上看如此不堪的"搞笑产业"平起平坐了呢？

"笑"的行业

"搞笑业"日语原文的字面意思就是"笑"，可以解释为"为了让您（观众）笑的行业"，比较常见又直观的翻译就是搞笑行业，从事这一娱乐行业的被称为"搞笑艺人"。

"搞笑"这种娱乐形式的原型是"落语"和"漫才",大致跟中国的相声艺术类似。"落语"是单人表演,通过话语和动作讲述故事,传达一定的人生道理。从江户时代流传下来很多落语的经典段子,现在还在浅草一类的"下町"地带的小剧场内反复上演。"漫才"则是双人表演,表演者穿上自己特定的行头(有的"漫才"表演者的服饰相当夸张),相互插科打诨,有时甚至伴有非常激烈的肢体动作。

虽然"落语"和"漫才"是搞笑艺人的本业,但是他们主要是在剧场表演,观众有限,票价定得也不高,所以收入不会太多。这种娱乐形式在日本的"发扬光大",并能赚到盆满钵溢,主要还是仰仗了电视的发展。

在日本,毫不夸张地说,不管什么时候打开电视,都能看到搞笑艺人的身影——在黄金时间段尤其如此。

不过当搞笑艺人出现在电视上的时候,他们通常就不从事"本业"了。在东京地区,公营 NHK 的两个频道和 5 个不收费的民营频道中,只有 NHK 教育频道有专门的"落语"和"漫才"节目。而在其他的节目中,搞笑艺人们全都"不务正业",他们的存在就是为了"让一切变得有趣"。

每个搞笑艺人或者艺人组合都会有一个固定的"形象"作为吸引观众的卖点。以 2006 年的一组搞笑艺人"THETOUCH"为例:他们是一对 23 岁的双胞胎兄弟,两人外形相似度很高,同样矮胖可爱,男女老少都会觉得很亲近,两人像小孩一样你一言我一语的对话总是能引起不断的笑声。

富士电视台午间有一款长年保持高收视率的节目,名为"笑笑也可以"(这个节目名本身几乎已经成为日本人日常会话中一个约定俗成的用法)。节目主持人 TAMORI(本名森田义一)已是家喻户晓。

这是一个"纯粹"的娱乐节目,以周为循环,每天都会有不同的搞笑艺人参与。节目包括各种各样的游戏小环节、现场表演、新鲜事物体验等,参加节目的搞笑艺人们通过互相之间有趣的对话和夸张的肢体表演达到娱乐观众的目的,也传授一些日常生活的小信息。该节目在每个工作日的 12 时播出，午餐时间段的心灵放松，对于紧张的日本人来说，不啻是很好的一段休憩。

由于搞笑艺人大多看上去很"土"，不如演员和歌手光鲜亮丽，不免让人误以为他们不受年轻人欢迎，事实并非如此。日本民营电视台中最有名的几个现场流行歌曲节目都带有强烈的"搞笑"气息：朝日电视台的"MusicStation"（音乐驿站），每周一期，至今已播出了 20 年，常驻主持人就是前面提到的 TAMORI；TBS 放送的"UTABAN"，两个主持人本业虽然都不是搞笑艺人——石桥贵明是歌手出身，中居正广是偶像团体 SMAP 的成员——但是在引导话题和带动节目气氛方面的风格和技巧，则是深得"搞笑风"的精髓。

富士台还有一档长寿节目"SMAPXSMAP"，担当该节目的是在日本受欢迎程度空前的偶像团体 SMAP。5 位俊男平时不管是在演唱会舞台上，还是在影视作品中，都是亮光闪闪，万众膜拜；而一旦进入了这个节目中，就为搞笑事业奉献一切。该节目的卖点之一是系列搞笑短剧，通常是恶搞一些经典影视作品的片段，或者是夸张表现小人物的生活，再不就是用当下流行的人物来恶搞开涮——有趣的是被恶搞的人都不以为怒，反引以为荣。

木村拓哉是 SMAP 的成员之一，在全东亚都享有极高知名度，观众对他在短剧中的诸如秃头造型、深度近视造型、涩谷街头女郎造型、动物造型等早已屡见不鲜。据说在这一系列自毁形象、自我作践以博观众一笑的短剧表演中，木村所受到的"虐待"在成员中已经是最轻的了。SMAP 维持了十数年的高人气，在变幻多端的日本艺能界是个异数。这其中，"献身"搞笑事业的成果功不可没。

虽然搞笑业的本质在于逗乐，但是，就像江户的"落语"段子必然要传递一定的人生哲理一样，"搞笑"的形式也渗入到一些"严肃"话题的讨论中，有一个名为"爆笑问题"的搞笑组合，其中一人在节目中自称"太田总理"，另一人为"秘书田中"，两人在节目中邀请包括资深议员、内阁大臣、高级公务员、大学教授在内的各界人士，讨论日本的政治和社会问题。

成功的商业运作

电视的传播效应促进了现代日本搞笑业的发展，但如果没有一套行之有效的演艺运行机制，搞笑业也不可能在日本这么蓬勃发展。

要说日本搞笑业的运作，就不能不提"吉本兴业"这家日本最大的演艺事务所、制作公司和宣传公司。该公司总部位于关西大阪，从经营小剧场起家，目前旗下有搞笑艺人500多位，并有专门负责为艺人联络和协调工作的经纪人300多位，在全日本的综艺节目上占有将近80%的份额。

吉本的存在，固然是一个垄断现象，但是在日本演艺圈的大环境中，它能够较好地把握搞笑行业的专业水准尺度，为电视台提供优质的艺人，保证了电视台的收视率，也使广告商能够放心地把钱投入到节目制作中来。

日本全民性的喜爱和运行良好的艺人（演艺公司）—电视台—广告商之间通畅的关系，是日本搞笑业能够创造大量产值的根本原因。

搞笑业成功的另一个原因是观众的需要，只有真正满足了观众的需要，才能把大把的钞票装进自己的口袋。

搞笑艺人表演的一个重大特点是"自虐"，电视上经常看到同一个组合的艺人在表演中互相讽刺，甚至相互殴打。他们常常被要求完成一些古怪甚至危险的运动，吃一些正常人完全不能下咽的食物，玩一些匪夷所思的游戏，输了便接受"极不人道"的惩罚，等等。

这些东西在外国人看来，是很不可理解，而对于整天被羁押在各种各样的规则和人际关系中神经绷得紧紧的日本人而言，也许能在这种合法的疯狂中得到身心的极大放松吧。

其实在搞笑艺人的表演中，除了纯粹的疯狂，还能看到很多被践踏着却坚持笑着的小人物形象，也许对观众也算是一种励志性的安慰吧。

尼日利亚的"双胞胎镇"

位于尼日利亚西南部约鲁巴兰地区的伊博—奥拉是一个名不见经传的乡村小镇，但是，前往该镇的外地人都会看到那里竖起的牌子——"双胞胎之地"。长期以来，这里的双胞胎出生率居高不下，是全球平均水平的10倍，对此，生育专家至今未能给出科学的解释。

伊博—奥拉镇的长老奥拉伊拉德·阿基耶米表示："在这里，你很难找到一个没有双胞胎的家庭。"现年71岁的阿基耶米生了12个小孩，他说："我父亲生了10对双胞胎，我自己生了3对，但是我自己只有一对龙凤胎存活下来。"

双胞胎出生率高得出奇

据报道，伊博·奥拉镇双胞胎出生率如此之高，令生育专家也感到疑惑不解。比利时专门从事双胞胎研究的生育专家弗兰德·利莱在1995年进行的一项调查显示，世界各地的平均双胞胎出生率一直保持在0.5%左右，但是西非的双胞胎出生率却"异军突起"，特别是异卵双胞胎的出生率，比欧洲国家或者日本要高出很多。

专家称，这在尼日利亚约

双胞胎

鲁巴人族群中最明显，约鲁巴人主要聚集在尼日利亚西南部地区，伊博一奥拉就是其中的一个小镇。

利莱经过调查发现，约鲁巴人的双胞胎出生率接近5%，相比之下，西欧只有1.2%，日本只有0.8%，而这些国家的双胞胎出生率还受到生育技术和药物的影响。

有部分西非当地居民和西方专家相信，当地居民喜欢吃山药（鲜淮山），可能是造成双胞胎出生率高的其中一个原因。专家认为，山药含有一种天然的植物雌激素，可能会刺激两个卵巢同时排出一个卵子。

饮食习惯影响

对于伊博·奥拉镇的居民来说，双胞胎出生率如此之高并不是什么值得大惊小怪的事情。有些居民比如阿基耶米就相信"山药理论"的解释。

他说："我们常喝秋葵嫩荚浓汤，还吃很多的山药。我想这些饮食习惯产生了影响，使得我们多生双胞胎。"

但是，也有人对这种说法持保留的态度。尼日利亚伊巴丹大学高级妇科学家奥杜科格贝表示："医学界还没有找到高双胞胎出生率的真正原因，但是人们相信这与饮食习惯有关。"奥杜科格贝也表示，有研究显示山药能够使得女性一次能排出一个以上的卵子。

遗传基因使然

伊巴丹大学教学医院首席护士长姆伊贝·约米表示，他们医院里每个月平均每一百次生产当中就有5对双胞胎出生。约米认为，这完全是遗传基因使然。她说："如果一个家族有生产双胞胎或多胞胎的历史，那么这种现象会代代相传。"

阿基耶米表示，这对约鲁巴兰地区居民来说是好事情，因为当地人认为双胞胎是上天赐予的特别礼物，是吉祥的象征。他说："双胞胎受到人们的关爱和尊重，他们的出生是一种好兆头。"

虽然很多非洲文化相信双胞胎代表好运，但是他们也相信双胞胎拥有神圣的力量，而且能够伤害那些激怒他们的人。

在非洲进入殖民时代之前，有些部落会把双胞胎甚至他们的母亲杀死，因为他们相信双胞胎拥有邪恶的力量，或者意味着母亲与人通奸。

卡塔尔——富不富先看树

卡塔尔是个富得流油的国家，"百万千万不算富，上亿才是刚起步"。小小的国土上挤满了各式最新款名车，寻常人家拥有几部高档车实在平常，而且毫不在意，别说刮了蹭了，哪怕稍有些过时，当地人就会另换新车。如果像在国内那样"看车辨贫富"，是肯定不灵的。

就连私人飞机，在充斥石油、美元的卡塔尔也不是什么稀奇东西。由于卡塔尔国家小、机场也小，许多飞机发烧友花大钱把私人飞机长期寄放在外国机场。

另一个判别贫富的标准——住房，在这里同样不可靠：不论首都多哈还是其他地方，映入眼帘的都是一幢又一幢高大气派的别墅，不但占地面积相仿，连颜色都大同小异。看住房辨贫富，谈何容易。

其实有一个简单方法可以一眼看出这家的财力大小——看树。卡塔尔虽富，境内却没有一条河流，打井也很少

卡塔尔的树

出水，是个淡水比汽油贵好几倍的国家，种树养树需要不断浇水，这笔开销即使小康之家也很难视若无物。非但如此，卡塔尔水资源缺乏，每家每户用水受到限制，如果种树太多，就算肯花钱，也没处买这白白浇到地里的淡水。

卡塔尔人

因此只需看看房子周围有多少树，就知道这家主人的财力如何了：一般人家自感负担不起，便不种树，或干脆铺块绿油油的人工草皮了事；稍富裕的人家，会种一两棵耐旱的椰枣树或棕榈树点缀；只有大富大贵之家，才会种上成排的树木。

卡塔尔是典型热带沙漠地区，沙中植树，即使水源有保证，存活也是相当不容易的，那些外来树种水土不服，自然更难存活。那些爱树的富翁自有对策，他们不惜成本，从国外进口成袋的"树泥"，用来栽培自己心爱的树苗。

要知道树茂根深，一棵10米高的树木，根系往往也深达10米左右，所需泥土数量大得惊人，能吃得消如此庞大消费的主儿，自然是富翁中的富翁了。

男人裙子女人裤子的斐济

美丽的南太平洋岛国斐济的风俗独特神秘，尤其引起人兴趣的是，他们的妇女不喜欢穿裙子，但男人却特别喜欢，男人也比妇女更爱打扮。

斐济人的服饰别具特色，在城市的大街上和海滩的酒店里，到处可以看到身穿大花衬衣和齐膝的毛料裙子的男人，这种裙子是当地男人的家居服，称为"solo"。

现代"梭罗"已经过多次改良，但万变不离其宗，都是源于斐济人世代所穿的蓑衣裙。斐济全境都是珊瑚岛和火山岛，数万年前，土著斐济人靠采摘野果、打猎和捕鱼为生，原始的生活方式和炎热的气候使他们用当地的蓑草编成一片围在身上，具有防蚊虫叮咬和遮风挡雨等优点。随着社会的进步，斐济人逐渐掌握了编织、蜡染等工艺。他们先是在蓑草裙上涂上色彩，成为较有观赏性的彩色蓑草裙。以后又用剥下的树皮经过浸泡、捶打、晒干，然后用染料涂上吉祥图案并制成粗布。

随着现代文明传入斐济，当地人已改用质地精细的布料做"梭罗"，用料、工艺和图案都散发着现代特色。斐济上层人士甚至政府官员在正规礼仪场合，也往往上穿笔挺西服，下身着"梭罗"。

有趣的是斐济女人却对此不太热衷。依照斐济风俗，女性不便袒露太多肌肤，因此乐意穿裙子的女人不多，就连街上的女警察，也都穿着捂得严严实实的制服长裤。在苏瓦岛，大街上那些高大威猛的男警察们也是穿着"solo"指挥交通的，而且是那种裙边剪成三角形的裙子，充满了南太平洋岛国的原始美感。女警察们却着裤装，远没有男警察们来得"妩媚"。

斐济人爱美，而且男人比女人更甚。这里的男人喜欢在身上佩戴琳琅满目的各种饰品，尤其是红色的扶桑花。不论男女，都爱将这种火红色花朵插在头上，插左边表示未婚，插两边则表示已婚。他们对扶桑花如此喜爱，以至于献给客人的花环、点缀客厅的装饰，甚至花布上的图案都少不了它。官方甚至专门设立"红花节"。每年8月节日来临时，都

斐济男人

要举行盛大的庆典。

斐济男人最珍视自己的头发,认为长发最有魅力。他们不经常理发,因此一些男人的头发长达 1.5 米左右。梳理如此长的头发并非易事,他们不得不每天抽出时间花在自己的头发上。为避免头发在睡觉时被弄乱,有人还特意制作了专门的"护发枕头"。部落的长老还可享有戴一种头巾式护发帽子"萨拉"的特权。

斐济人视"萨拉"为部落权威的象征,为维护其独一无二的崇高地位,素来好客的他们,对来访男宾"约法两章",其一就是不许在村落里戴帽子;另一条是不许戴墨镜,因为他们认为墨镜有魔力。有趣的是,斐济女人的头发却正相反,年轻时可以留长,结婚时便要剪短,而且以后会不断修剪,以至越来越短。

看瑞典的"男女平等"

世界经济论坛公布了最新的各国性别平等排行榜,排在最前面的是瑞典。这个排行榜的主要依据是四个方面:男女薪酬、教育机会差异、政治代表权差异和包括平均寿命在内的健康差异。世界经济论坛对瑞典的评价是:男女劳动力就业和薪酬之间的差距正变得越来越小。

就在这个排行榜公布前不久,瑞典媒体曝出了一条新闻:负责男女平等事务的监察官鲍格斯特吕姆卸任,由一位名叫伯·格斯特吕姆的女士接任。伯女士上任后发现,虽然她和前任的这位男士名字只差一个字母,但前任的月薪是 74000 瑞典克朗,她只能拿到 62000 瑞典克朗,少了 12000 瑞典克朗(约合 14000 元人民币)。

这对于一个主要职责是监管对男女平等法律执行情况的官员来说,当然是难以忍受的。这位新上任的监察官对媒体抱怨说,就连负责男女同工同酬的官员都不能同工同酬,这叫我怎么去监督相关法律的执行呢?

一前一后，一男一女，两位监察官的工资差距是17%。这个差距在瑞典人看来似乎很难接受，但按照世界经济论坛的调查，却是全球各国中差距最小的。目前，瑞典女性收入的平均水平约为瑞典男性收入的平均水平的82%。

即便是在欧盟其他国家中，像这样小的差距仍不多见。法国、意大利、西班牙等国只有50%～70%。至于其他方面，那就更是无法与瑞典相比。比如，在瑞典议会中，女性议员的人数占议员总数的40%以上，而在法国、意大利等国，不过只有百分之十几。

瑞典妇女走到今天这一步，也经历了一些曲折，尤其是妇女从政。瑞典妇女1921年就取得了选举权，但直到20世纪90年代，被选进议会的女议员仍不多。90年代初，一些女作家、女记者和女学者联合起来，呼吁各党派重视妇女，增加妇女候选人，否则她们将从各党派中把女同胞拉出来，专门成立一个妇女党。

1994年大选前的民意调查表明，这些妇女们如果真的成立一个政党，她们将得到35%的选票。谁也不敢轻视这么一股强大的社会力量，社会民主党立即修改竞选政策，提出了"把二分之一的机会给妇女"的新口号。这听上去有点儿像我们常说的"妇女能顶半边天"，具体地讲，就是各基层党组织每推举一个男性候选人，就必须推举一个女性候选人。社民党的这一选举政策有效地拉动了选票的提高。在那一年的选举中，社民党获胜，议会中的女性成员大幅增加。在瑞典政府的21位大臣中，有差不多一半为女性。记得当时有个新上任的文化大臣叫瓦尔斯特伦，是两个孩子的母亲，家住离斯德哥尔摩300公里的一座小城。为了确保她能够"公私兼顾"，瑞典政府首创了"遥控办公室"。每天早上，这位女大臣只要打开电视，就可以通过视频与在斯德哥尔摩的文化部的官员们联系，安排工作，她不必天天都去首都上班。

女大臣当时告诉媒体说："这绝不是放弃工作，而是用不同的方式来工作。对于孩子来说，我能不能常常和他们在一起，我晚上在不在家都十分重要。我的两个儿子最关心的就是，每天晚上妈妈能不能送他们上床睡觉。感谢信息技术，使我有可能兼顾政治生活和家庭生活。"

男女平等看上去主要是对女性的尊重，或被一些人称之为"尊重女权"，但在瑞典人看来，它已经超越了女权、男女平等，其实受益的不仅是社会，也是男性。最有趣的做法可以算是让父亲休"产假"了。

1974年，瑞典通过了家长津贴制度。有了小孩，家长休产假可以拿到月薪的80%，但这份津贴可以由家长双方以任何方式分享，既可以由孩子的母亲带薪休假，也可以让父亲带薪休假。于是，就有了父亲休"产假"之说。

这个法规执行了一段时间，发现效果不明显，还是母亲休得多，父亲休得少，其中一个原因是，通常父亲的工资要高一些，所以由母亲来休假更合适。于是，在1995年，这个法规又被改为妈妈休一个月，爸爸休一个月，不得转换。2002年又延长到了两个月。

因此，当你在瑞典的大街上看到怀抱婴儿闲逛的男士，千万不要以为他是因为下岗而无事可做，人家可是在享受做父亲的"产假"呢！